# *Escorpión Predicciones y Rituales 2024*

***Angeline A. Rubi y Alina A. Rubi***

*Publicado Independientemente*



*Astróloga: Alina A. Rubi*

*Edición: Alina. Rubi y Angeline A. Rubi*

*rubiediciones29@gmail.com*

## *¿Quién es Escorpión?*

*Fechas: 24 de octubre - 22 de noviembre*

*Día: martes*

*Color: Negro, azul oscuro, rojo*

*Elemento: Agua*

*Compatibilidad: Tauro, Piscis*

*Símbolo:* ♏

*Modalidad: Fijo*

*Polaridad: Femenina*

*Planeta regente: Plutón y Marte*

*Casa: 8 Muerte y el Sexo*

*Metal: hierro*

*Cuarzo: Esmeralda, Onyx, Turmalina*

*Constelación: Escorpión*

## *Personalidad de Escorpión*

*Escorpión es un signo intenso con una energía emocional única en todo el zodiaco. Aunque pueda parecer tranquilo, Escorpión tienen un gran magnetismo interno escondido dentro.*

*Es poderoso y su carácter puede causar beneficios, o riesgos para los demás. Su tenacidad y fuerza de voluntad son únicas, pero sin embargo son muy sensibles y fácilmente son afectados por las circunstancias que los rodean.*

*Escorpión tiene una personalidad enigmática. Nunca da verdaderamente a conocer sus sentimientos. Lleno de glamur y carisma, conquista fácilmente la atención de todos. Es fascinante y sincero, e insinúa su presencia con discreción.*

*No entra dramáticamente en una sala a la espera de llamar la atención, en vez de eso, prefiere persuadir, seducir y convencer, a través de su magnetismo.*

*Este poder personal le otorga una capacidad de manipulación fuera de lo común. Son emocionales y fácilmente heridos, de hecho, pueden perder totalmente la paciencia al percibir, incluso erróneamente, que alguien les ha insultado. No saben disimular y pueden ser muy críticos.*

*Escorpión es imparable cuando se propone hacer alguna cosa. Su fuerza se vuelve casi obsesiva. Nada, ni nadie logra detenerlo. Esta característica le da una gran capacidad de materialización cuando está verdaderamente comprometido en lograr algo.*

*Pocas veces muestran sus sentimientos reales, más que una técnica de evasión es su forma preferida de evitar que dañen sus sentimientos. Esto los convierte en presa constante del estrés. Pero esto no los limita para atacar.*

*Pueden ser hirientes con sus palabras, incluso más que con sus acciones. Principalmente, porque siempre piensan mal.*

*Son cuidadosos con el bienestar de su familia. No les importará llevar todo el peso de la familia y brindarles protección.*

*Escorpión es extremamente intuitivo y logra ver mucho más allá de los demás signos. Es un excelente evaluador de carácter y tiene la capacidad de desarrollar una enorme empatía.*

*Esta capacidad hace que conquiste fácilmente la confianza de todos. Son profundamente afables, sinceros y generosos en la atención que prestan a las necesidades ajenas. Para no guardar rencor, debe comprender exactamente lo que motivó la acción de la otra persona. Solo así olvida y perdona.*

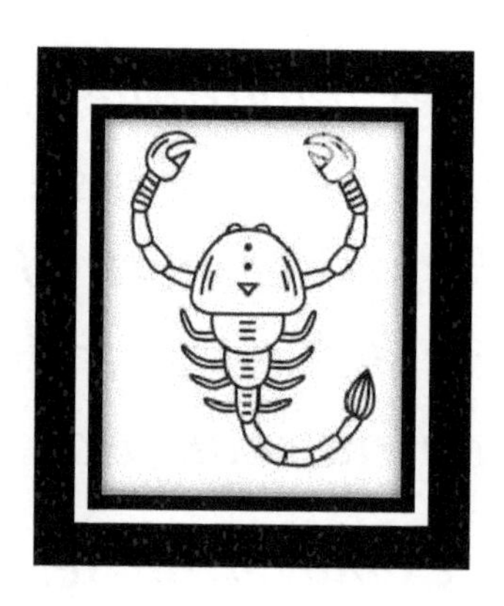

## *Horóscopo General de Escorpión*

*Este va a ser un año emocionante e intenso, por eso debes enfrentarlo con una actitud positiva. Prepárate para algunas turbulencias serias. Es importante que mantengas tu mente abierta, ya que habrá oportunidades, pero también desafíos inesperados. Si mantienes una actitud flexible, puedes aprovechar al máximo estas circunstancias y transformarlas en logros positivos.*

*Aunque durante el año pueden existir obstáculos Escorpión no debes perder la fe. Espera lo inesperado y prepárate para lo peor.*

*Aléjate de todo tipo de tentaciones y analiza los pros y los contras antes de tomar decisiones importantes en la vida.*

*Sé sincero, no pierdas tu dignidad y no pierdas la esperanza cuando te desafíen. Este es un año de grandes cambios, reevalúa periódicamente tu posición en la vida. Sigue trabajando, y nada contra la corriente.*

*Durante los periodos de Luna llena podrás ver los resultados de los proyectos en los que has estado trabajando. Debes priorizarte a ti mismo, a tus deseos y necesidades.*

*Durante los periodos de luna nueva ocurre en tu energía y entusiasmo serán muy altos. Debes tomar la iniciativa y buscar oportunidades para nuevos comienzos.*

*Este año vas a sentir un cambio en general en tu vida, en tu enfoque y en tus perspectivas. Es un cambio sutil que puede no parecer obvio de inmediato. Tendrás la determinación de lograr tus objetivos a pesar de estos desafíos.*

*Si estás pensando en comprometerte con una relación, casarte o tener hijos, este sería el año adecuado. Recibirías el apoyo, y amor tu familia.*

*Trata siempre de buscar lo positivo en todo lo que enfrentarás este año, tus esfuerzos darán frutos en los tres últimos meses del año. No esperes a que las cosas caigan del cielo, ve tras ellas.*

*De todos modos, tendrás mucha energía mental y vas a poner tus planes en acción. Por esa razón debes trabajar en nutrir tus ideas, tu mente y ser más ingenioso con tus planes.*

*Durante los periodos de Eclipses podrás sintonizar con tu subconsciente y comprender tus problemas.*

*Este puede ser un período importante para dejar ir, y deshacerte de algo, o alguien, que te ha estado agobiando durante algún tiempo.*

*Tus familiares te respaldarán, te sentirás seguro y protegido, y tus amistades verdaderas continuarán siendo sólidas. Los que realmente te quieren estarán contigo en las buenas y en las malas. A mitad de año debes estar alerta cuidado con una posible traición de una amistad, te enfrentarás al dilema de si confrontar a esa persona o dejar pasar las cosas.*

*Estarás en forma este año, tu energía será poderosa, no obstante, ten cuidado de no esforzarte demasiado. Toma descansos cuando es necesario, debes evitar el agotamiento.*

## *Amor*

*Llegarán nuevas personas a tu vida. Puedes comprometerte y es posible que te alejes de aquellos con los que no tienes una buena conexión.*

*Es momento de que te tomes en serio el amor, y trabajes para eliminar los traumas amorosos del pasado. Estos pueden venir de tus años de juventud o de vidas pasadas. Esta limpieza te ayudará a fortalecer los lazos emocionales que tienes con los demás.*

*El año es favorable para el matrimonio y el nacimiento de niños, lo que traerá alegría y felicidad en tu hogar, aprovecha esto para mejorar tus vínculos familiares.*

*Escorpión en una relación vivirá un período muy decisivo. Asegúrense de ser leales y honestos con su pareja y compartan sus emociones. Algunos Escorpión verán cómo una amistad se convierte en una relación de amor.*

*Si estás soltero, tendrás oportunidades de encontrar el amor, o de que el a mor te encuentre a ti. No te apresures, tómate tu tiempo, analiza a esa persona y escucha a tu corazón.*

*A finales del año pueden haber malentendidos y engaños para los que están comprometidos y pueden ser estafados en nombre del amor.*

*La vida te ha puesto a prueba de muchas formas y te ha sometido a situaciones difíciles, pero las enfrentaste y desafiaste todas con precisión, por eso debes ser paciente. Todas estas experiencias te han convertido en quién eres. Te has vuelto fuerte y valiente y nada te desafía. A pesar de eso todavía tienes miedo expresar lo que sientes. Este año te enseñará muchas lecciones que has obviado para fingir ser alguien desprovisto de emociones. Expresar tus emociones es importante.*

*En síntesis, en lo que se refiere a asuntos del corazón vas a experimentar un año de profundas conexiones emocionales y relaciones transformadoras. Ya sea que estés soltero, o en una relación comprometida, los planetas te alientan a abrazar tu vulnerabilidad y abrir tu corazón al amor. Confía siempre en tu intuición.*

*Es importante que mantengas el equilibrio entre tu vida laboral y personal este año. Los planes bien elaborados te llevarán a cambios positivos. Encontrarás estabilidad y comodidad en tu vida personal y profesional, desarrollarás una perspectiva madura.*

## *Economía*

*Comienzas el nuevo año prestándole mucha atención al dinero, a tu situación financiera y a los recursos que posees.*

*Durante los periodos de Mercurio retrógrado, estarás superando desafíos y tratando de eliminar bloqueos.*

*Obtendrás ganancias monetarias, pero es posible que no estés contento con esas ganancias financieras. A principios de año no es el momento adecuado para realizar grandes inversiones, o asumir riesgos.*

*Es aconsejable que estés alerta en tus inversiones y transacciones, porque un movimiento en falso puede afectar tu inversión, y afectarte también emocionalmente; sean prudentes con sus finanzas este año.*

*Tendrás nuevas fuentes de ingresos, y si te encuentras en medio de cualquier disputa, el dinero pondrá fin a ella. Puedes tener gastos inesperados en viajes, salud y reparación de equipos o tu auto en la segunda mitad del año.*

*El trabajo es importante para ti, y crees en trabajar duro en lugar de simplificar el camino. Este año, tu dedicación y fuerza de voluntad te llevarán al éxito. Tu pasión por tu trabajo será admirada por tus colegas, y tus esfuerzos servirán de ejemplo.*

## *Salud de Escorpión*

*Es importante que cuides tu salud. Has desarrollado hábitos poco saludables, como beber en exceso y saltarte el desayuno en favor de los almuerzos tardíos. Estos hábitos pueden ser perjudiciales para tu bienestar. Es importante cambiarlos y adoptar un estilo de vida saludable.*

*Es probable que no puedas renunciar por completo a tu amor por las bebidas alcohólicas, intenta reducir su consumo y frecuencia.*

*Los choques de opinión con tus colegas de trabajo, especialmente a mediados de año, pueden causarte estrés. La incapacidad para expresar tus emociones puede aumentar tu ansiedad.*

*El estrés y la ansiedad pueden desencadenar problemas relacionados con la presión arterial y problemas digestivos.*

*Adopta un enfoque equilibrado del ejercicio porque el esfuerzo excesivo puede provocarte estrés. Considera actividades que sean buenas para tu corazón y tu alma. La risa, y alegría deben acompañarte para que mantengas tu bienestar.*

## *Familia*

*En tu vida doméstica y familiar habrá algunos problemas, pero todos tienen solución.*

*Podrías enfrentarte a conflictos con los miembros de tu familia. La salud de un familiar muy cercano podría verse afectada y eso podría convertirse en la razón del ambiente infeliz de tu casa.*

*Es posible que termines viviendo en un lugar completamente diferente, con personas nuevas, o puedes buscar oportunidades para hacer transformaciones en tu hogar o con aquellos que consideras familia.*

*Entre febrero y marzo es el mejor momento para mudarte, o renovar tu casa.*

*Debes trabajar para nutrir las conexiones con aquellos que piensas que son familia para que estén más seguros.*

***Fechas Importantes***

***4/23 Luna Llena en Escorpión.*** *Tienes que vigilar tu tendencia a sentir celos, y deseos de venganza. Esta luna es sinónimo de profundidad, y renacimiento, te invita a aventurarte en lo profundo de tu ser para atravesar heridas y renacer. Te puedes sentir naturalmente atraído a liberarte de las cosas, o personas, que ya no sirven en tu camino.*

***9/23 Venus transita hacia Escorpión.*** *Este transito es muy potente ya que te enfocará en cambiar en tu forma de relacionarte con la intimidad. Tienes la oportunidad en este ciclo de abrirte a un nuevo contacto con tu propia intimidad.*

***10/13 Mercurio entra en Escorpión.*** *Se activa tu mente, una que podrá hacerte ver más allá de lo superficial, y se conectará con tu intuición. Podrán salir secretos a la superficie dejando en evidencia todo lo oculto.*

***10/22 Sol entra en Escorpión***

***11/01 Luna Nueva en Escorpión.*** *Uno de los momentos más importantes del mes, si deseas conectar con tu potencial energético. Transforma de forma positiva aquello que requiera un cambio en tu vida.*

# *Horóscopos Mensuales de Escorpión 2024*

## *Enero 2024*

*El mes comienza con un fuerte enfoque en el crecimiento profesional y la estabilidad financiera. Utiliza tu intuición e inteligencia para lograr avances significativos en tu vida profesional. Busca la orientación de personas con experiencia.*

*Estás comenzando un momento importante de tu vida, donde se vienen cambios, por eso es fundamental que estés con la disposición de aceptar estas transformaciones que ocurrirán en tu vida.*

*Podrías tratar de completar un proyecto, pero tu imaginación no está funcionando de la forma que normalmente lo hace. Esto es una situación temporal.*

*¿Una amistad puede convertirse en amor? Por supuesto, pero antes de dar ese paso decisivo debes considerar algunos aspectos. Analiza si esa amistad comparte tus deseos.*

*No debes escatimar gastos cuando se trata de tu salud, si inviertes hoy, ahorrarás en gastos médicos mañana. Más vale prevenir.*

***Números de la suerte***
*15 - 19 - 22 - 31 - 36*

## *Febrero 2024*

*Es un buen mes para que inviertas en ese amor a distancia. Tienes suficiente información para brindarle a esa persona un regalo, sin que haya razón especial para ello. Con esto le anunciarás que, a tu lado su vida va a estar llena agradables sorpresas.*

*No siempre hay que seguir los consejos de los mayores, ellos tienen más experiencia en temas del amor, y probablemente quieren tu bienestar, pero tu intuición es la mejor brújula este mes.*

*Este mes se trata de que aproveches las nuevas oportunidades en tu vida laboral. El cielo es el límite, pero el Universo no lo hará por ti. Debes buscar formas de aumentar tus ingresos, ya sea mediante un negocio o aceptar trabajos independientes.*

*Estarás en un período de redefinición de lo que eres y cómo te proyectas. El Universo te está pidiendo que prestes atención a tu profesión. Si no es la que deseas, este es el momento de cambiar.*

*Alguien de tu pasado entrará de nuevo en tu vida. Prepárate.*

***Números de la suerte***

*4 - 14 - 23 - 27 - 29*

## *Marzo 2024*

*Es un mes excelente para el amor, lo que significa que puedes dar rienda suelta a toda la pasión que sientes por esa persona especial en tu vida o por la persona que deseas conquistar.*

*Aunque siempre tendrás la posibilidad de decir lo que piensas en tu trabajo es necesario que lo hagas con cautela porque las cosas estén tomando un rumbo que no es el que tenías pensado.*

*El amor te tiene con un poco de ansiedad, es probable que la relación que tienes no esté bien y determines seguir tu camino en solitario.*

*Estás viviendo una aventura con una persona que no te está entregando lo que necesitas, quizás no sea solo diversión lo que estás buscando sino también algo más estable, debes priorizar por lo que tú desees y no por la que la otra persona quiera.*

*Al final del mes es adecuado para hacer una pausa que te aleje de la agitación laboral. Los niveles de energía están muy elevados. Te verás envuelto en intensos conflictos.*

***Números de la suerte***

*6 - 13 - 21 - 25 - 29*

## *Abril 2024*

*Estás viviendo una aventura con alguien que no te está entregando lo que necesitas, quizás no sea diversión lo que estás buscando sino también algo estable, debes priorizar lo que tú desees y no lo que la otra persona quiera.*

*Serás capaz de acercarte a las situaciones de trabajo con una actitud relajada y aceptar lo que viene sin resistencia. Este mes requiere especial atención en cuanto a dinero se refiere. De todos modos, debes recordar que demasiada cautela o excesiva timidez también trabajan en tu contra.*

*Aspectos planetarios tensos harán que te sea más difícil ganar la cantidad de dinero que te has acostumbrado. El Universo está limitando tus oportunidades.*

*Tus redes sociales te ayudarán a salir adelante en cualquier problema y podrás adquirir nuevos clientes.*

*A final del mes tendrás una energía sexual extraordinaria.*

*Para triunfar debes arriesgar, el temor te paraliza y supera a tu razón. Tú eres el único que puede modificar esta situación.*

***Números de la suerte***
***3 - 13 - 24 - 25 - 26***

## *Mayo 2024*

*La rutina del día a día este mes te puede resultar aburridas, así que hoy podrías encontrarte buscando algo de dramatismo para poner algo de picante en tu vida. Si encuentras el romance, trata de tener cuidado y no causar problemas porque podrías dejar pasar la oportunidad de encontrar el verdadero amor.*

*Es el momento oportuno para analizar tu economía y ver si podrías hacerlo mejor. Es el momento idóneo, para realizar cambios necesarios.*

*Tu salud física será buena, te sentirás con energía, pero tu equilibrio emocional estará muy desbalanceado. Es el momento oportuno, para aclarar tus ideas, y disipar duda.*

*Estarás enfocado en tu familia y en tu hogar. Estarás presente en tu casa y tendrán intercambios de ideas, lo cual te permitirá conocer sus preocupaciones a fondo.*

*No te pongas ansioso, no practiques deportes arriesgados y tómate todo con calma. Podrías tener un pequeño accidente.*

*Hay fuerzas ocultas a tu alrededor que podrían ser perjudiciales para tu vida amorosa.*

***Números de la suerte***
*4 - 16 - 18 - 23 - 24*

## *Junio 2024*

*Si estás casado o en pareja deberías evitar las confrontaciones o de lo contrario te vas a pasar el mes discutiendo. Es evidente, que no piensan igual en muchas cosas, pero evita discutir.*

*Sino tienes pareja tu vida social será activa. Tendrás deseos de salir con tus amigos. Te relacionarás con todo tipo de gente y todos los niveles. También tendrás reuniones o cenas en casa.*

*Las obligaciones y las responsabilidades de tu vida cotidiana a final del mes te van a ahogar. No te tomes las cosas demasiado en serio, eso es limitante y angustiante. Trate de cultivar el buen humor a pesar de los problemas y mantén tu mente positiva.*

*Algunas personas interferirán en tu camino y, aquéllos que tengan autoridad, no te favorecerán. Puedes llegar a sentirte aislado, generando sentimientos de rencor y frustración. La sensación de frustración puede desanimarte y llevarte a abandonar tus objetivos. La consistencia de tus ideas se pondrá a prueba.*

*Los planetas harán que oigas hablar de alguien de tú pasado. Si se trata de un ex y no te interesa, no dudes en decir simplemente que no.*

***Números de la suerte***

*5 - 14 - 15 - 33 - 34*

## *Julio 2024*

*Tus planes para reunirte con un grupo de amigos al principio de mes pueden cancelarse debido a eventos inesperados. Esto podría hacerte sentir triste, sobre todo si un interés romántico estuviese involucrado.*

*Ten cuidado de no comentar algo negativo acerca de alguien o algo en el trabajo. Alguien puede oírte y un secreto puede ser revelado. De ser así, te hallarás en un terreno pantanoso.*

*La carga de estrés que pesa sobre tus hombros tiene un impacto muy negativo sobre tu mente, aunque no lo notes. Haz todo lo que puedas para canalizar esa tensión que flota en el aire.*

*Los abusos nocturnos pueden inhabilitarte a trabajar con responsabilidad. Eso es una mala idea, el descanso lo necesitas. Necesitas un tiempo a solas para recuperarte y reunir fuerzas para que puedas enfrentarte al mundo con la cabeza lúcida.*

*Familiares y amigos que aprecias con tu alma reclamarán tu atención. Eso te emociona, pero el problema es que quieres estar a solas con tu pareja.*

*Sacude tu cuerpo hasta el punto de que recuerde que está vivo. Sal, camina, y disfruta del sol.*

***Números de la suerte***
***12 - 13 - 20 - 24 - 32***

## *Agosto 2024*

*Alguien te dirá que tu relación pende de un hilo, y eso te pondrá muy ansioso. Detrás de este comentario perverso hay envidia.*

*Si estás solo te preocupa que, aparentemente, no hay nada que te una a esa persona que te interesa, y por esa razón no has dado ese paso importante que significaría revelarle tus sentimientos.*

*Tienes que hacer una lista de las personas s las que puedes recurrir en busca de consejo y de ayuda, en caso de problemas con tu trabajo. Fomenta esas relaciones con contactos frecuentes. Es bueno saber con quién se cuenta, y es mejor tenerles cerca.*

*Dicen que quien golpea primero, golpea más fuerte. Este es el mes perfecto para hacer eso con las enfermedades a las que eres proclive. Planifica una dieta rica en calcio a través de leche y queso y elimina las grasa y carbohidratos. Si has descuidado tu dieta te será beneficioso un régimen alimenticio depurativo. Liberarte de las toxinas que se han acumulado en tu hígado te permitirá pensar mejor y tener ideas productivas.*

*A final del mes descubrirás que no todo es lo que parece cuando se trata de amigos.*

***Números de la suerte***

*2 - 7 - 8 - 10 - 19*

## *Septiembre 2024*

*Algunos malentendidos sin importancia generarán incomodidad en la pareja durante los primeros días del mes especialmente en las parejas que hace poco tiempo que están juntas.*

*Dedicarle tiempo a conocerse mutuamente los ayudará a saber de qué manera entiende el mundo el otro. Todo se arreglará después de conversaciones y de acuerdos en los que ambos se beneficien.*

*Este mes tendrás la oportunidad de afianzarte en la profesión que elegiste. Te será muy provechoso tomar una clase de actualización en el área a la que te dedicas.*

*Debes cuidar lo que comes para que protejas tu sistema digestivo de las comidas industrializadas.*

*Habrá cambios sentimentales en tu núcleo familiar. Serán cambios positivos. Volverás a retomar el contacto con personas que considerabas distanciadas de tu lado. Comprenderás el valor de las segundas oportunidades y descubrirás que no todo es lo que parece.*

*Es inútil decirte ahora que no te preocupes por el dinero. Sin embargo, deberías tratar de tener cuidado. Recuerda no gastar más de la cuenta.*

***Números de la suerte***
*7 - 25 - 28 - 31 - 34*

## *Octubre 2024*

*Si estás soltero es un buen mes para enamorarte y empezar una relación sentimental. Lo conocerás en seminarios, conferencias o incluso en la iglesia. Si estás casado, tu pareja te apoya en todo lo que haces y te sientes privilegiado, por estar protegido.*

*Vivirás grandes cambios en tu trabajo. Habrá mucho estrés y cambios, pero todos positivos. Tendrás muy buena suerte. Tienes ayuda de amigos muy bien situados, que apoyarán tus proyectos.*

*En el hogar y tu familia te apoyarán en todo. Te sentirás feliz porque todo funciona. Será un mes para viajar, visitar a la familia y para conocer países nuevos también. Harás nuevas amistades en tus viajes.*

*La vida social será muy activa. Asistirás a muchas fiestas. ¡¡Diviértete!!*

*Vas a tener un exceso de energía que te ayudará a finalizar todo lo que habías postergado desde hace tiempo. No obstante, tanta vitalidad puede interferir a la hora de conciliar el sueño. Intenta mitigar el insomnio con algunas infusiones de tilo.*

***Números de la suerte***

*2 - 6 - 8 - 11 - 19*

## *Noviembre 2024*

*Hay proyectos que están bloqueados desde hace tiempo, pero podrían activarse durante este mes. Sigue planificando y tenlo todo preparado, para poder reaccionar rápidamente cuando llegue ese momento esperado.*

*Con el dinero te va a ir bien, será un mes en el que pondrás tus cuentas al día. Tendrás dinero suficiente para pagar deudas, si las tienes.*

*No comas tantas comidas grasosas todos los días, si te gustan déjalo como premio para días especiales, tienes que cuidar tu corazón.*

*No dejes pasar tanto el tiempo antes de decirle a la persona que quieres conquistar tus intenciones, es probable que para el momento que te decidas ya haya encontrado a otra persona.*

*Si te has mostrado evasivo/a con respecto a algún asunto, alguien te llamará la atención. No podrás seguir escondiéndote. Es necesario que des un paso al frente y actúes.*

***Números de la suerte***
*3 - 7 - 16 - 19 - 34*

## *Diciembre 2024*

*Tienes mucha actividad planetaria en tu sector del dinero que va a hacer cambiar radicalmente la forma en la que ganas dinero. Aunque parezca que algunas fuentes de ingresos se alejan de ti, será para bien. Analiza tu sector de las deudas para que identifiques lo que hay que pagar primero. Este mes vas a tratar de completar un proyecto.*

*Los compromisos más estables y el amor duradero serán un problema durante este mes, ya que muchos podrían enfrentarse a rupturas. Es el momento para que te enfoques en lo que deseas. Si quieres seguir intentándolo en una relación fallida, estas en tu derecho de hacerlo, pero ten en cuenta las posibles consecuencias de esa decisión.*

*Los solteros no tendrán suerte para encontrar a la persona ideal, pero sí tendrán un buen final de mes para la seducción.*

*Estarás muy fuerte y con energía para todo. No te sentirás cansado a pesar de tener una vida social activa y tener mucho trabajo.*

*No cometas excesos en las fiestas de fin de año.*

***Números de la suerte***

*3 - 16 - 20 - 24 - 36*

## ***Las Cartas del Tarot, un Mundo Enigmático y Psicológico.***

*La palabra Tarot significa "camino real", el mismo es una práctica milenaria, no se sabe con exactitud quién inventó los juegos de cartas en general, ni el Tarot en particular; existen las hipótesis más disímiles en este sentido.*

*Algunos dicen que surgió en la Atlántida o en Egipto, pero otros creen que los tarots vinieron de la China o India, de la antigua tierra de los gitanos, o que llegaron a Europa a través de los cátaros. El hecho es que las cartas del tarot destilan simbolismos astrológicos, alquímicos, esotéricos y religiosos, tanto cristianos como paganos.*

*Hasta hace poco algunas personas si le mencionabas la palabra 'tarot' era común que se imaginaran una gitana sentada delante de una bola de cristal en un cuarto rodeado de misticismo, o que pensaran en magia negra o brujería, en la actualidad esto ha cambiado.*

*Esta técnica antigua ha ido adaptándose a los nuevos tiempos, se ha unido a la tecnología y muchos jóvenes sienten un profundo interés por ella.*

*La juventud se ha aislado de la religión porque consideran que ahí no hallarán la solución a lo que necesitan, se dieron cuenta de la dualidad de esta, algo que no sucede con la espiritualidad. Por todas las redes sociales te encuentras cuentas dedicadas al estudio y lecturas del tarot, ya que todo lo relacionado con el esoterismo está de moda, de hecho, algunas decisiones jerárquicas se toman teniendo en cuenta el tarot o la astrología.*

*Lo notable es que las predicciones que usualmente se relacionan al tarot no son lo más buscado, lo relacionado al autoconocimiento y la asesoría espiritual es lo más solicitado.*

*El tarot es un oráculo, a través de sus dibujos y colores, estimulamos nuestra esfera psíquica, la parte más recóndita que va más allá de lo natural. Varias personas recurren al tarot como una guía espiritual o psicológica ya que vivimos en tiempos de incertidumbre y esto nos empuja a buscar respuestas en la espiritualidad.*

*Es una herramienta tan poderosa que te indica concretamente qué está pasando en tu subconsciente para que lo puedas percibir a través de los lentes de una nueva sabiduría.*

*Carl Gustav Jung, el afamado psicólogo, utilizó los símbolos de las cartas del tarot en sus estudios psicológicos. Creó la teoría de los arquetipos, donde descubrió una extensa suma de imágenes que ayudan en la psicología analítica.*

*El empleo de dibujos y símbolos para apelar a una comprensión más profunda se utiliza frecuentemente en el psicoanálisis. Estas alegorías constituyen parte de nosotros, correspondiendo a símbolos de nuestro subconsciente y de nuestra mente.*

*Nuestro inconsciente tiene zonas oscuras, y cuando utilizamos técnicas visuales podemos llegar a diferentes partes de este y desvelar elementos de nuestra personalidad que desconocemos. Cuando logras decodificar estos mensajes a través del lenguaje pictórico del tarot puedes elegir que decisiones tomar en la vida para poder crear el destino que realmente deseas.*

*El tarot con sus símbolos nos enseña que existe un universo diferente, sobre todo en la actualidad donde todo es tan caótico y se les busca una explicación lógica a todas las cosas.*

## *El Colgado, Carta del Tarot para Escorpión 2024*

*Cambiarás de actitud ante los acontecimientos. Esta carta te invita a tomar oportunidades que no has aprovechado.*

*Debes aprender a utilizar todos tus recursos o virtudes que no has estado utilizando.*

*Debes ser valiente y desinteresado. Libérate de restricciones.*

*Este año tú puedes salir de la inercia y actuar, de esa forma podrás acelerar o cambiar las cosas.*

*Representa un callejón sin salida, algo que te está estancando y te impide ver la luz al final del túnel.*

*Quizás alguna fuerza está restringiendo tu situación o el momento actual.*

*Tienes la sensación de que no logras algo debido a una inercia.*

*Recuerda que el desapego puede exigir sacrificio de tu parte, puede ser doloroso, pero una vez que logres dejar atrás lo que sea, te sentirás libre de las cadenas que te ataban.*

*Esta carta te asegura que vas a permanecer en la misma situación durante un tiempo, por ende, si tu situación actual ya sea amorosa, o de dinero es buena te garantiza un año igual.*

## *Runas del Año 2024*

*Las runas son un conjunto de símbolos que forman un alfabeto. "Runa" significa secreto y simboliza el ruido de una piedra chocando con otra. Las runas son un antiguo método visionario y mágico.*

*Las runas no sirven para predicciones exactas, pero sí para orientarte sobre un hecho futuro, un tema o una decisión.*

*Las runas tienen un significado específico para la persona que lo desee, pero también algún mensaje relacionado con las adversidades que se presentan en la vida.*

***Dagaz, Runa de Escorpión 2024***

*Simboliza la unión cósmica entre el cielo y la tierra. Dos energías incompatibles que se unen para crear una totalidad neutral.*

*Te motiva a crecer y actuar de forma diferente. Es un talismán en contra de la magia negra, y te ayuda a conseguir tus metas, trasmutando tus momentos oscuros en luz.*

*Esta runa es la luz después de un periodo difícil, ella quiere que recuerdes que los momentos desagradables no son eternos, siguen un proceso tradicional y se acaban dejando experiencias.*

*Dagaz es la luz al final del túnel, el amanecer después de la oscuridad, el encontrar la llave de la puerta que te da libertad. Se acerca una gran transformación, y con ella tu victoria.*

*Empiezas a dejar atrás lo malo, encontrando las soluciones que buscabas. Con la luz de esta runa obtienes el éxito, la culminación de una etapa, el comienzo de un nuevo día. En este drástico, y nuevo inicio Dagaz te custodia.*
*Esta metamorfosis es imprevista, a partir de este momento tú serás otra persona. Dagaz te augura una fase de crecimiento, y claridad.*

*Dagaz te garantiza buena salud. Un año durante el cual solo necesitarás mantener el cuidado de rutina de tu cuerpo y tus emociones para continuar estable.*

## *Colores de la Suerte*

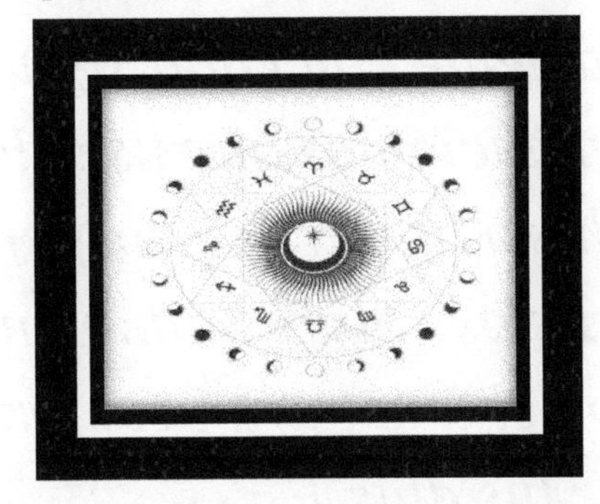

*Los colores nos afectan psicológicamente; influyen en nuestra apreciación de las cosas, opinión sobre algo o alguien, y pueden usarse para influir en nuestras decisiones.*

*Las tradiciones para recibir el nuevo año varían de país a país, y en la noche del 31 de diciembre balanceamos todo lo positivo y negativo que vivimos en el año que se marcha. Empezamos a pensar qué hacer para transformar nuestra suerte en el nuevo año que se aproxima.*

*Existen diversas formas de atraer energías positivas hacia nosotros cuando recibimos el año nuevo, y una de ellas es vestir o llevar accesorios de un color específico que atraiga lo que deseamos para el año que va a comenzar.*

*Los colores tienen cargas energéticas que influyen en nuestra vida, por eso siempre es recomendable recibir el año vestidos de un color que atraiga las energías de aquello que deseamos alcanzar.*

*Para eso existen colores que vibran positivamente con cada signo zodiacal, así que la recomendación es que uses la ropa con la tonalidad que te hará atraer la prosperidad, salud y amor en el 2024. (Estos colores también los puedes usar durante el resto del año para ocasiones importantes, o para mejorar tus días.)*

*Recuerda que, aunque lo más común es usar ropa interior roja para la pasión, rosada para el amor y amarilla o dorada para la abundancia, nunca está demás adjuntar en nuestro atuendo el color que más beneficia a nuestro signo zodiacal.*

# *Escorpión*

## *Dorado*

***Palabras claves del color dorado****: color de la realeza, símbolo del dinero, riqueza, evolución espiritual, fortaleza.*

*El color dorado está relacionado con la abundancia y el poder, con los grandes ideales, la sabiduría y los conocimientos.*

*Es un color que revitaliza la mente, y las energías, aleja los miedos y las cosas superfluas.*

*El color dorado es excelente para la depresión y equilibra la mente.*

*Si utilizas este color te ayudará a atraer la buena suerte y prosperidad, a creer en ti mismo y a tener fe en tu futuro.*

*El color dorado simboliza prosperidad, éxito y optimismo, por eso te inspirará a cultivar una actitud positiva hacia la vida animándote a buscar una conexión con el universo y te recordará que la luz interior es la fuente de nuestra verdadera felicidad.*

*En Egipto el color dorado era utilizado por los faraones ya que simbolizaba la luz espiritual, la vida y el renacimiento porque ellos creían en la reencarnación.*

*Se asocia con todas las divinidades de todas las culturas ya que simboliza la riqueza, y el triunfo.*

*El color dorado aumenta la autoestima, la confianza y la creatividad.*

## *Amuletos para la Suerte*

*¿Quién no posee un anillo de la suerte, una cadena que nunca se quita o un objeto que no regalaría por nada de este mundo? Todos le atribuimos un poder especial a determinados artículos que nos pertenecen y ese carácter especial que asumen para nosotros los convierte en objetos mágicos.*

*Para que un talismán pueda actuar e influir sobre las circunstancias, su portador debe tener fe en él y esto lo transformará en un objeto prodigioso, apto para cumplir todo lo que se le pida.*

*Usualmente un amuleto es cualquier objeto que propicia el bien como medida preventiva contra el mal, el daño, la enfermedad, y la brujería.*

*Los Amuletos para la buena suerte pueden ayudarte a tener un año 2024 lleno de bendiciones en tu hogar, trabajo, con tu familia, atraer dinero y salud. Para que los amuletos funcionen adecuadamente no debes prestárselos a nadie más, y debes tenerlos siempre a mano.*

*Los amuletos han existido en todas las culturas, y están hechos a base de elementos de la naturaleza que sirven como catalizadores de energías que ayudan a crear los deseos humanos.*

*Al amuleto se le asigna el poder de alejar los males, los hechizos, enfermedades, desastres o contrarrestar los malos deseos lanzados a través de los ojos de otras personas.*

## *Amuleto de la Suerte Escorpión*

### *Trébol*

*Es uno de los amuletos más poderosos, por siglos se le han atribuido poderes mágicos a este tipo de plantas, su popularidad se remonta a la cultura celta, pero es un símbolo popular de la buena suerte en muchas culturas. Los egipcios cargaban amuletos con forma de trébol de cuatro hojas para protegerse de las infortunios, peligros, desastres y contratiempos.*

*Según las leyendas cada hoja tiene un significado. La primera fama, la segunda riqueza, la tercera amor y la cuarta salud.*

*Está relacionado a la fortuna porque se utiliza para conseguir dinero.*

*Como es un amuleto protector, alejará los malos espíritus y ojos de tu vida.*

*Como la planta es difícil de conseguir puedes tener su diseño plasmado de diferentes formas. Una de las más fáciles es en joyería.*

## *Cuarzos de la Suerte*

*Todos nos sentimos atraídos por los diamantes, rubíes, esmeraldas y zafiros, evidentemente son piedras preciosas. También son muy apreciadas las piedras semipreciosas como la cornalina, ojo de tigre, cuarzo blanco y el lapislázuli ya que han sido usadas como ornamentos y símbolos de poder por miles de años.*

*Lo que muchos desconocen es que ellos eran valorados por algo más que su belleza: cada uno tenía un significado sagrado y sus propiedades curativas eran tan importantes como su valor ornamental.*

*Los cristales siguen teniendo las mismas propiedades en nuestros días, la mayoría de las personas están familiarizadas con los más populares como la amatista, la malaquita y la obsidiana, pero actualmente hay nuevos cristales como el larimar, petalita y la fenacita que se han dado a conocer.*

*Un cristal es un cuerpo solido con una forma geométricamente regular, los cristales se formaron cuando la tierra se creó y han seguido metamorfoseándose a medida que el planeta ha ido cambiando, los cristales son el ADN de la tierra, son almacenes en miniatura que contienen el desarrollo de nuestro planeta a lo largo de millones de años.*

*Algunos han sido sometidos a enormes presiones y otros crecieron en cámaras profundamente enterradas bajo tierra, otros gotearon hasta llegar a ser. Tengan la forma que tengan, su estructura cristalina puede absorber, conservar, enfocar y emitir energía. En el corazón del cristal está el átomo, sus electrones y protones. El átomo es dinámico y está compuesto por una serie de partículas que rotan alrededor del centro en movimiento constante, de modo que, aunque el cristal pueda parecer inmóvil, en realidad es una masa molecular viva que vibra a cierta frecuencia y esto es lo que da la energía al cristal.*

*Las gemas solían ser una prerrogativa real y sacerdotal, los sacerdotes del judaísmo llevaban una placa sobre el pecho Llena de piedras preciosas la cual era mucho más que un emblema para designar su función, pues transfería poder a quien la usaba.*

*Los hombres han usado las piedras desde la edad de piedra ya que tenían una función protectora guardando de diversos males a sus portadores. Los cristales actuales tienen el mismo poder y podemos seleccionar nuestra joyería no solo en función de su atractivo externo, tenerlos cerca de nosotros puede potenciar nuestra energía (cornalina naranja), limpiar el espacio que nos rodea (ámbar) o atraer riqueza (citrina).*

*Ciertos cristales como el cuarzo ahumado y la turmalina negra tienen la capacidad de absorber la negatividad, emiten una energía pura y limpia.*

*Usar una turmalina negra alrededor del cuello protege de las emanaciones electromagnéticas incluyendo la de los teléfonos celulares, una citrina no sólo te atraerá riquezas, sino que también te ayudará a conservarlas, sitúala en la parte de la riqueza en tu hogar (la parte posterior izquierda más alejada de la puerta de entrada). Si estás buscando amor, los cristales pueden ayudarte, sitúa un cuarzo rosado en la esquina de las relaciones en tu casa (la esquina derecha posterior más alejada de la puerta principal) su efecto es tan potente que conviene añadir una amatista para compensar la atracción.*

*También puedes usar la rodocrosita, el amor se presentará en tu camino.*

*Los cristales pueden curar y dar equilibrio, algunos cristales contienen minerales conocidos por sus propiedades terapéuticas, la malaquita tiene una alta concentración de cobre, llevar un brazalete de malaquita permite al cuerpo absorber mínimas cantidades de cobre.*

*El lapislázuli alivia la migraña, pero si el dolor de cabeza es causado por estrés, la amatista, el ámbar o la turquesa situados sobre las cejas lo aliviarán.*

*Los cuarzos y minerales son joyas de la madre tierra, date la oportunidad, y conéctate con la magia que desprenden.*

***Cuarzo de la Suerte Escorpión 2024***

***Citrina***

*Un cuarzo super magnético. Te dará un fuerte carisma personal y te ayudará a ser creativo.*

*Sus vibraciones te darán energía, abundancia, y prosperidad económica.*

*Si quieres ampliar la prosperidad en tu vida debes colocar la citrina en algún lugar de tu casa, o negocio, donde te relaciones con el mundo económico. Sus energías aumentarán las posibilidades de tu éxito.*

*Funciona como un talismán defensor, capaz de neutralizar cualquier tipo de energía negativa.*

*Aporta intuición para que puedas resguardarte debidamente.*

*Proyecta alegría y sentimientos armónicos para todos los que están a tu alrededor.*

*Te ayudará a mejorar tu autoestima de forma paulatina, y a encontrar tu verdadera identidad. Transformará tu sistema de valores para que puedas sentirte motivado.*

## *Compatibilidad de Escorpión y los Signos Zodiacales*

*Escorpión, tiene mala reputación. Este oscuro signo de agua es famoso por su misterioso encanto, su inclemente ambición y su característico carácter huidizo. Es el signo más complicado del zodiaco, está representado por el escorpión, un animal traidor que habita en las tinieblas.*

*Para Escorpión, la vida es una partida de ajedrez, regido por el planeta Plutón tiene una capacidad para regenerarse y convertirse en su mejor y más fuerte versión. El crecimiento es elemental para Escorpión, que utiliza la metamorfosis como herramienta de expansión emocional y psíquica.*

*Al igual que Plutón, y los poderes seductores del mundo oculto, Escorpión suda energía. Escorpión no tiene problemas para conseguir pretendientes, y es conocido por su increíble sensualidad. A pesar de su reputación lujuriosa, valora la honestidad y la privacidad en las relaciones.*

*Debido a su increíble fogosidad y poder, las personas piensan que Escorpión es un signo de fuego, sin embargo, pertenece al elemento agua, lo que simboliza que consigue su fuerza del subconsciente, y de las emociones. Escorpión es considerablemente intuitivo y sensible, puede percibir la energía de cualquier casa y absorber las emociones de los demás.*

*Escorpión es duro, y como su símbolo astrológico, vigila en las tinieblas, aguardando la ocasión perfecta para atacar cuando menos se espera. Este calculador signo de agua siempre está proyectando varios pasos antes en un plan grandioso.*

*Eso no significa que sus intenciones son necesariamente nefastas, solo le gusta planificar a largo plazo y para conseguirlo se centra en sus objetivos y nunca muestra sus cartas, siendo esta naturaleza misteriosa la que lo hace tan fascinante.*

*Escorpión sabe cómo utilizar su intuición para manipular cualquier situación y contraponer a las personas entre sí.*

*Escorpión siempre tiene que acordarse que si se deja controlar por su deseos de manipulación y poder, corre el riesgo de clavarse su propio aguijón. Su comportamiento secreto puede causarle perder relaciones.*

*Este signo sabe dar lo mejor de sí cuando su intensidad personal se aplica con sus amigos más cercanos porque, aunque dudoso y posesivo, también es muy defensor con sus seres queridos y está dispuesto a protegerlos sin pensarlo.*

*Cuando lograr establecer confianza y se siente seguro, Escorpión demuestra empatía, y compromiso.*

*Alguien que sea elegante, le causa una buena impresión, y como signo de agua sus sentidos son muy agudos, por lo que, en el área del romance, es conveniente mimarlo con mucha pasión. Este intenso signo de agua valora su privacidad, así que no le resulta fácil dejar entrar un desconocido en su vida privada.*

*Si estás interesado en conquistar a un Escorpión el proceso de cortejo es muy extenso y estará lleno de muchas pruebas a fortaleza emocional. Cada movimiento que hace este signo es intencional, por ende, tendrás que ser super rápido para seguirle la rima.*

*Si consigues superar con éxito el proceso, Escorpión, estará listo para desarrollar una conexión contigo a nivel de alma.*

*A diferencia de otros signos, cuando Escorpión está en una relación no significa que se siente seguro, su intensidad es perpetua ya que su objetivo cardinal es sujetarse a su pareja de por vida.*

*No existe un signo del zodiaco más relacionado con el sexo que Escorpión, sin embargo, a pesar de sus tendencias, el acto físico de la intimidad es menos importante para Escorpión que la conexión.*

*A Escorpión le resulta muy difícil satisfacer su apetito, por lo que se siente atraído por experiencias sombrías y misteriosas. Es muy fácil que se vuelva adicto con sus relaciones, y esto pueda adoptar la forma de locura, en la que Escorpión crea problemas a propósito para poner a prueba a su pareja, una conducta tóxico que resulta adversa. Escorpión debe recordar que, en las relaciones serias, las personas poseen derecho a la independencia emocional y a la intimidad.*

*Lo fundamental que hay que recordar cuando tienes una relación con Escorpión es que debes ser claro, pregúntale sobre sus sentimientos, y no temas desafiar cualquier comportamiento oculto. Escorpión valorará que le pidas cuentas, y cuanto más te envuelvas con él a través de una comunicación directa, la relación será segura.*

*Desafortunadamente las decepciones son inevitables en la vida, y aunque Escorpión es famoso por su habilidad de resurgir de las cenizas, eso no representa que los rompimientos le resulten fáciles, de hecho, a este signo le cuesta mucho soltar a sus parejas. No importa si es él quien inicia la ruptura, este penetrante signo siempre se siente desamparado después que esto suceda.*

*Algunas veces el final de una relación se libera en Escorpión su particular ansia de controlar, que a veces lo conlleva a angustiar y empeñarse con sus exparejas, por ende, es mejor cortar de raíz.*

*Impulsado por sus pasiones, Escorpión es una pareja dedicada, y mientras que algunos signos se resisten a la tenacidad de Escorpión, otros signos se sienten inspirados por su energía.*

**Escorpión y Aries**, *sienten una increíble atracción física en cuanto se ven. Sin embargo, la imposibilidad de Aries para guardar secretos incomoda a Escorpión, que valora la confianza y la privacidad por encima de todo. Por su parte, Aries se cuestiona por qué todo tiene que ser tan oculto. Pero, al fin y al cabo, si estos dos signos pueden respetar las insuficiencias del otro, la relación será perfecta y disfrutarían conquistando el mundo.*

**Escorpión y Tauro**, *como signos opuestos, se complementan. Escorpión es pura sexualidad. Así que, emparejado con Tauro, el signo más sensual del zodíaco, el feroz apetito sexual de Escorpión se sacia. Tendrán obstáculos que superar, ambos son increíblemente testarudos, pero esta pareja constituye una relación realmente erótica.*

**Escorpión y Géminis** *forman una pareja excéntrica. Los valores primordiales de Escorpión son super diferentes de los legionarios de Géminis, que además* *es indiscreto y sociable, disfrutando cambiar de opinión. Escorpión, en cambio, es penetrante, prudente y firme en sus opiniones.*

*El eficaz aguijón de Escorpión puede cautivar a las criaturas más grandes, pero el arácnido cósmico no es rival para el gemelo. Para que funcione esta pareja cada signo deberá aceptar las diferencias del otro.*

*Si Escorpión puede liberarse de su necesidad de ocultarlo todo, y Géminis está dispuesto a dejar que Escorpión gane, aunque sea una vez, la relación puede durar.*

***Escorpión y Cáncer*** *fluyen sin esforzarse. Cáncer abraza las emociones intensas de Escorpión, el cangrejo celestial sale de su carapacho por Escorpión, es decir camina la milla extra. Cáncer es precavido al principio de una relación, pero con Escorpión se muestra vulnerable desde el principio.*

*En esta relación mágica, a Escorpión le cuesta franquearse ya que su sensibilidad es muy fuerte. Cáncer puede sentirse triste a veces por la inhabilidad de Escorpión para dejarse guiar, pero al fin y al cabo se trata de una de las mejores relaciones del zodíaco. Cuando se comprometen, se emparejan para toda la vida.*

***Escorpión y Leo** son los más desconfiados del zodiaco. Cuando se trata de estos dos signos, la energía es siempre la de dos rivales naturales que entran en el ring. Leo aborrece que lo dejen de lado, y aprecia los movimientos ocultos de Escorpión como premeditadamente tramposos. Por otro lado, Escorpión se mofa de la inhabilidad de Leo para esconder sus motivos. Sin embargo, si ellos forman una relación su energía combinada es indestructible. Aunque no será fácil, esta unión es valerosa y apasionada.*

***Escorpión y Virgo** les domina jugar con sus prototipos. Escorpión quiere atraer, y Virgo quiere ser cautivado. Por lo tanto, existe una tensión fascinante entre ambos, un tira y encoge que puede crear un relación pervertida. Pero esta conexión es algo más, la relación se basa en una admiración genuina. A Virgo le inspira la codicia de Escorpión, y Escorpión valora el sentido práctico de Virgo. Aquí el conflicto ocasional se producirá cuando Escorpión se sienta sentenciado y enjuiciado por Virgo.*

***Escorpión y Libra**, combaten por el poder, Escorpión pretende ajustar la mirada de Libra, y este quiere ser el eje de su universo. A Libra le gusta aparentar inocencia, y la balanza cósmica goza* *engañando a Escorpión con sus coqueteos superficiales. Cuando estos dos signos dejan de jugar pueden formar una pareja fabulosa. Por supuesto, habrá enfrentamientos ya que la energía del aire y el agua juntas crean huracanes, pero los roces no siempre son un factor de ruptura. En el caso de Escorpión y Libra, de hecho, pueden generar calor.*

*La relación* **Escorpión y Escorpión***, es divertida. Escorpión se envanece de ser el resbaladizo del zodíaco. Por eso, cuando combina con uno de los suyos, se esmera por mantener su misteriosa fuerza. Esta relación se alimenta de profundos secretos, pasión y necesidad de control, lo que puede dificultar que ambos mantengan una unión. Sin embargo, si consiguen superar las fricciones iniciales, puede funcionar perfectamente.*

**Escorpión y Sagitario***, es una relación intrigante. A Escorpión le intriga Sagitario, preguntándose. Escorpión no es contrincante para Sagitario, incluso cuando está bajo el etéreo Escorpión, el aventurero necesita pasear. Con el tiempo, tanto Escorpión como Sagitario, pueden hastiarse de la relación, después de todo, Escorpión necesita honestidad y un poco de misterio, y Sagitario necesita independencia. Sin* *embargo, si deciden hacer que funcione, formarán una relación interesante.*

***Escorpión y Capricornio****, es una relación complicada. La mayoría de los signos no pueden soportar la ambición despiadada de Capricornio, pero a Escorpión le conquista su movimiento. De hecho, Escorpión pretenderá enamorar a Capricornio mostrando su propia audacia.*

*Cuando se trata de una relación a largo plazo, Capricornio es muy exigente, ambos signos pasarán la mayor parte de su noviazgo examinando el resumé del otro, hasta que acaben desenvolviendo una relación romántica y extremadamente sexual. Esta relación es intensa, ya que Escorpión y Capricornio esperan un compromiso a largo plazo y si se comprometen pueden lograrlo.*

***Escorpión y Acuario*** *son signos de la misma modalidad. Estos signos son dos enigmas que todo el mundo intenta descifrar. Del mismo modo, Escorpión y Acuario se combinan mutuamente y saborean quitando las capas de la complicación del otro. Escorpión, sediento de poder, tendrá que acordar si puede admitir la libertad de Acuario, y este a su vez, tendrá que armonizar las intranquilidades de Escorpión con el control. Sin embargo, si esta pareja* *puede encontrar la manera de funcionar, su relación será mágica, misteriosa y especial.*

**Escorpión y Piscis**, *es una relación repleta de emociones. Los extraordinarios poderes psíquicos de Piscis pueden fastidiar a Escorpión, que se centra sobre todo en el igualdad. Sin embargo, la empatía de Piscis apacigua a Escorpión, y juntos gozarán buceando en el mundo interior del otro. Mientras que Escorpión sea amable, y Piscis aprenda a protegerse, les encantará construir juntos un solemne dominio bajo el mar.*

## ***Signos con los que no debes hacer Negocios***

*Leo y Sagitario son dos signos de fuego demasiado impulsivos para Escorpión, que lo hacen sentir insegura.*

## ***Signos con los que debe Asociarse***

*Aries, Leo y con Capricornio.*

*Son signos que tienen una mente brillante y saben estudiar si un negocio será exitoso.*

## *La Luna en Escorpión*

*Las personas con la Luna en el signo de Escorpión crean una conexión profunda con el daño emocional ya que les resulta muy difícil curar viejas heridas. Su ego tiende a distraerse con esas viejas heridas y las mantiene abiertas en su mente.*

*Si tu Luna está en Escorpión, tiendes a experimentar las emociones de una forma poderosa y profunda, y tendrás dificultades para sentirte seguro.*

*Una de las cosas que contribuye a que esta Luna se sienta de forma segura es cuando otros son capaces de entender sus emociones, sin que la persona se las comuniques directamente.*

*Estas personas son proclives a ser posesivas con sus amistades y familiares. Tienen un miedo constante a que los traicionen ya que poseen la habilidad de ver el alma y defectos de los demás.*

*Tienen tendencia a manipular cuando sienten sospechas, algo que puede ser agotador para los que están cerca de ellos.*

*Son rencorosos, les cuesta mucho perdonar, y debido a esto algunas veces pueden vivir con resentimientos, culpa y deseos de venganza.*

## *La importancia del Signo Ascendente*

*El signo solar tiene un impacto importante en quiénes somos, pero el Ascendente es el que nos define realmente, e incluso esa podría ser la razón por qué no te identificas con algunos rasgos de tu signo zodiacal.*

*Realmente la energía que te brinda tu signo solar hace que te sientas diferente al resto de las personas, por ese motivo, cuando lees tu horóscopo algunas veces te sientes identificado y les da sentido a algunas predicciones, y eso sucede porque te ayuda a entender cómo podrías sentirte y lo que te sucederá, pero solo te muestra un porciento de lo que realmente pudiera ser.*

*El Ascendente por su parte se diferencia del signo solar porque refleja quiénes somos superficialmente, es decir, cómo te ven los demás o la energía que les transmites a las personas, y esto es tan real que puede darse el caso que conozcas a alguien y si predices su signo es posible que hayas descubierto su signo Ascendente y no su signo solar.*

*En síntesis, las características que ves en alguien cuando lo conoces por vez primera es el Ascendente, pero como nuestras vidas se ven afectadas por la manera que nos relacionamos con los demás, el*

*Ascendente tiene un impacto importante en nuestra vida cotidiana.*

*Es un poco complejo explicar cómo se calcula o determina el signo Ascendente, porque no es la posición de un planeta el que lo determina, sino el signo que se elevaba en el horizonte oriental en el momento de tu nacimiento, a diferencia de tu signo solar, depende de la hora precisa en que naciste.*

*Gracias a la tecnología y al Universo hoy es más fácil que nunca saber esta información, por supuesto si conoces tu hora de nacimiento, o si tienes una idea de la hora pero que no haya un margen de más de horas, porque hay muchos websites que te hacen el cálculo introduciendo los datos, astro.com es uno de ellos, pero por existen infinidades.*

*De esta manera, cuando leas tu horóscopo también puedes leer tu Ascendente y conocer detalles más personalizados, tú vas a ver que a partir de ahora si haces esto tu forma de leer el horóscopo cambiará y sabrás porque ese Sagitario es tan modesto y pesimista si en realidad ellos son tan exagerados y optimistas, y esto se deba quizás porque tiene un Ascendente Capricornio, o porque ese colega de Escorpión siempre está hablando de todo, no dudes que tenga un Ascendente de Géminis.*

*Les voy a sintetizar las características de los diferentes Ascendentes, pero esto es también muy general ya que estas características son modificadas por planetas en conjunción con el Ascendente, planetas que aspectan al Ascendente, y la posición del planeta regente del signo en el Ascendente.*

*Por ejemplo, una persona con un Ascendente de Aries con su planeta regente, Marte, en Sagitario responderá al entorno de forma un poco diferente a otra persona, también con un Ascendente de Aries, pero cuyo Marte está en Escorpión.*

*Del mismo modo, una persona con un Ascendente de Piscis que tiene Saturno en conjunción con él se "comportará" de manera diferente a alguien con un Ascendente de Piscis que no tiene ese aspecto.*

*Todos estos factores modifican el Ascendente, la astrología es muy compleja y no se lee ni se hacen horóscopos con cartas del tarot, porque la astrología además de ser un arte es una ciencia.*

*Puede ser habitual confundir estas dos prácticas y esto es debido a que, aunque se trata de dos conceptos totalmente diferentes, presentan unos puntos en común. Uno de estos puntos en común se basa en su origen, y es que ambos procedimientos son conocidos desde la antigüedad.*

*También se parecen en los símbolos que utilizan, ya que ambos presentan símbolos ambiguos que es necesario interpretar, por lo que requiere de una lectura especializada y es necesario tener una formación para saber interpretar estos símbolos.*

*Diferencias, hay miles, pero una de las principales es que mientras que en el tarot los símbolos son perfectamente comprensibles a primera vista, al tratarse de cartas figurativas, aunque haya que saber interpretarlos bien, en la astrología observamos un sistema abstracto el cual es necesario conocer previamente para interpretarlos, y por supuesto hay que decir, que, aunque podamos reconocer las cartas del tarot, cualquiera no puede interpretarlos de modo correcto.*

*La interpretación es también una diferencia entre las dos disciplinas porque mientras el tarot no tiene una referencia temporal exacta, ya que las cartas se sitúan en el tiempo solo gracias a las preguntas que se realizan en la tirada correspondiente, en la astrología sí que se hace referencia a una posición específica de los planetas en la historia, y los sistemas de interpretación que utilizan ambos son diametralmente opuestos.*

*La carta astral es la base de la astrología, y el aspecto más importante para realizar la predicción. La carta astral debe estar perfectamente elaborada para que la lectura tenga éxito y se puedan conocer más cosas acerca de la persona.*

*Para elaborar una carta astral, es necesario conocer todos los datos sobre el nacimiento de la persona en cuestión.*

*Es preciso que se sepa con exactitud, desde la hora exacta en que se dio a luz, hasta el lugar donde se hizo.*

*La posición de los planetas en el momento del nacimiento desvelará al astrólogo los puntos que necesita para elaborar la carta astral.*

*La astrología no se trata solamente de conocer tu futuro, sino de conocer los puntos importantes de tu existencia, tanto del presente como del pasado, para poder tomar mejores decisiones para decidir tu futuro.*

*La astrología te ayudará a conocerte mejor a ti mismo, de modo que podrás cambiar las cosas que te bloquean o potenciar tu cualidades.*

*Y si la carta astral es la base de la astrología, la tirada del tarot es fundamental en esta última disciplina. Igual que quien te realiza la carta astral, el vidente que te realice la tirada del tarot, será la clave en el éxito de tu lectura, por eso lo más indicado es que preguntes por tarotistas recomendadas, y aunque seguramente no te podrá responder concretamente a todas las dudas que te plantees en tu vida, una correcta lectura de la tirada del tarot, y las cartas que salgan en dicha tirada, te ayudarán a guiarte acerca de las decisiones que tomes en tu vida.*

*En resumen, la Astrología y el tarot utilizan simbología, pero la cuestión primordial es como se interpreta toda esta simbología.*

*verdaderamente una persona que domine ambas técnicas, sin duda, va a ser una gran ayuda a las personas que le van a pedir consejo.*

*Muchos astrólogos combinamos ambas disciplinas, y la práctica habitual me ha enseñado que ambas suelen fluir muy bien, aportando un componente enriquecedor en todos los temas de predicción, pero no son lo mismo y no se puede hacer horóscopo con cartas del tarot, ni se puede hacer una lectura del tarot con una carta astral.*

## *Ascendente en Escorpión*

*Las personas con Ascendente en Escorpión poseen un aura de misterio. Son personas que les gusta conocerse a sí mismas y no les gusta revelar sus secretos a los demás. Les encanta cuestionarse todo lo que les ocurre y buscar en el porqué de las cosas.*

*Ese obsesión por conocerlo todo puede hacerlos sucumbir en la obsesión por controlar y el poder.*

*Estas personas si se dejan llevar por el lado más oscuro de este Ascendente terminan buscando el control y la manipulación sobre el resto de las personas. También son rencorosos, si los molestas buscarán vengarse, aunque eso sea lo último que hagan.*

*Por otro parte usualmente son personas muy fieles y no deberías preocuparte por lo anterior, siempre y cuando no los traiciones. Dada estas características buscan parejas de vida estables que les ofrezca seguridad. Alguien en quien puedan confiar ciegamente.*

## *Aries – Ascendente Escorpión*

*Aries con Ascendente Escorpión son personas muy efectivas en todo lo que se proponen. La iniciativa de Aries se ve reforzada con el carácter de Escorpión por ahondar en todo, por eso tienen habilidad para emprender cosas nuevas.*

*Si lo que hacen es un desafío, pero es estimulante, suelen luchar hasta conseguirlo y ese proceso de lucha y superación les sirve para su desarrollo personal.*

*En el trabajo alcanzan los objetivos profesionales que se proponen. Pueden desempeñar puestos de líder.*

*En las relaciones aparentan ser personas frías y difíciles de alcanzar, pero nada más lejos de la verdad, en el fondo son muy apasionados. Si se enamoran se entregan completamente a la relación.*

## *Tauro – Ascendente Escorpión*

*Tauro Ascendente Escorpión es una combinación equilibrada. Son personas respetuosas y en su trabajo son perseverantes y luchadoras.*

*Esta es la combinación más magnética del Zodíaco, cuando se entregan lo hacen con total convicción, y no hay espacio para relaciones superficiales.*

*En ocasiones, si se dejan llevar por los extremos, pueden acabar inmiscuidos en relaciones tóxicas. Ellos de por si suelen ser bastante tóxicos y posesivos.*

## *Géminis – Ascendente Escorpión*

*Géminis con Ascendente Escorpión es extrovertido, observador y detallista.*

*Cuando buscan pareja, no les gusta dejarle saber a la otra persona que tienen interés en ella. Prefieren ponerse una coraza de hielo y ocultar cómo se sienten. Sin embargo, si están enamorados tratarán de conquistar a esa persona por todos los medios posibles.*

*Son expertos en ocultar sus verdaderas intenciones y eso puede hacer que resulten personas falsas y que, al final, se muevan por puro interés. Si necesitan manipular a alguien no tienen problema.*

*Estas personas son inteligentes y obstinados en sus metas.*

## *Cáncer – Ascendente Escorpión*

*Cáncer Ascendente Escorpión tiene profundidad emocional y una aguda sensibilidad. Esta mezcla del elemento agua tiene una intensidad emocional singular. Al experimentar emociones con tanta intensidad, estos individuos exhiben una gran pasión que se ve reflejada en su personalidad.*

*Estas personas tienen un instinto protector excepcional, acostumbran a nutrir y proteger a aquellos que les importan. Sin embargo, son personas reservadas, especialmente en situaciones nuevas, y cuida mucho su privacidad.*

*Son conocidos por su determinación y persistencia, llegando a ser inflexibles. Cuando se proponen un objetivo su tenacidad los impulsa a perseverar hasta alcanzarlo y eso se refleja en el terreno laboral.*

*Esta combinación tiene un potencial increíble para la transformación y el crecimiento personal.*

## *Leo – Ascendente Escorpión*

*Leo con Ascendente Escorpión son personas atractivas, sobresaliendo por la intensidad con la que realizan las cosas. Su naturaleza es insaciable, y siempre lucharan por obtener posiciones de poder y prestigio ya que es algo que valoran.*

*Ellos buscarán profesiones que les puedan dar reconocimiento y éxito. Normalmente sobresalen por su habilidad para ser lideres y su gran responsabilidad.*

*En sus relaciones poseen un carácter fuerte y soberbio y eso hace los hace atractivos para muchas otras personas.*

## *Virgo – Ascendente Escorpión*

*Virgo con Ascendente Escorpión son personas mentales. Saben muy bien cómo plantearse las cosas ya que la capacidad analítica de Virgo se enlaza con la intuición de Escorpión.*

*Sobresalen en trabajos que impliquen asesoramiento u observación o que implique estrategias sofisticadas.*

*En el área emocional son contradictorios porque son personas extremadamente racionales, pero su pasión es enorme. Posiblemente se encuentren entre una constante lucha entre la razón y emoción. Aun así, por regla general, valoran mucho las relaciones estables.*

## ***Libra – Ascendente Escorpión***

*Libra con el Ascendente en Escorpión son personas contradictorias y reservadas. Estas personas son unos mediadores fantásticos.*

*En el área profesional les encanta comprender y discutir los diferentes puntos de vista que se puedan presentar.*

*En sus relaciones suelen ser personas muy intensas, donde la balanza puede desnivelarse. Si eso llegara a pasar es posible que sueñen con una relación cuando no va a llegar a nada. También pueden implicarse con personas que no les conviene, dejándose llevar por pasiones.*

## ***Escorpión – Ascendente Escorpión***

*Esta combinación refuerza las características típicas de Escorpión. Nos encontramos ante personas misteriosas y difíciles de comprender ya que son muy reservadas.*

*Les irá bien en profesiones que requieren de un esfuerzo grande porque son capaces de ejercerla sin problemas.*

*En el amor son extremadamente pasionales. Las pasiones son todo para ellos y necesitan una relación que esté a su nivel.*

*Si se potencian todas sus características pueden ser excesivamente celosos, posesivos y autoritarios. Hay que ser muy cuidadosos y no traicionarlos porque sus venganzas son horribles.*

## Sagitario – Ascendente Escorpión

*Sagitario con Ascendente Escorpión son personas que tienen una gran fuerza interior. Ellos cumplen todo lo que se proponen, y tienen un buen olfato para todo.*

*En el trabajo les encanta enfrentarse a nuevos desafíos y ponerse ellos mismos a prueba. Les gusta triunfar y luchan por eso.*

*En sus relaciones lo dan todo y materializan parte su amor llenando de regalos a su pareja.*

*Algunas veces son materialistas.*

## Capricornio – Ascendente Escorpión

*Capricornio con Ascendente Escorpión tienen una gran capacidad perceptiva y eso los convierte en personas conscientes de su entorno y de cómo funcionan las cosas. Son estrictos con todos y tienden a tener opiniones convincentes.*

*En el trabajo son decididos, son los individuos ideales para ocupar puestos de liderazgo.*

*En las relaciones sentimentales son muy exigentes con lo que buscan y tienen facilidad para relacionarse.*

*Algunas veces tienen mal carácter y son impacientes con los que les rodean.*

***Acuario – Ascendente Escorpión***

*Acuario con Ascendente Escorpión son personas carismáticas y a la par dificultosa.*

*En el trabajo sobresalen gracias a su originalidad y porque buscan cumplir todo lo que se proponen.*

*En el amor buscan a alguien que les aporte cosas positivas, no mostrarán su verdadera cara hasta que no consideren que esa persona es digna de confianza.*

*Les da mucho trabajo perdonar a las personas y guarden el rencor durante años.*

***Piscis – Ascendente Escorpión***

*Piscis Ascendente Escorpión son personas con una relación excelente con el mundo oculto. Son personas enigmáticas, de mucha intuición y que provocan fascinación.*

*En sus relaciones amorosas son una montaña rusa de emociones, un día están bien y al siguiente todo es un caos. Aparentan tener una personalidad fría, pero lo que sucede es que guardan sus emociones hasta que se sienten listos para mostrarlas.*

*En ocasiones pueden ser personas manipulando a todo el que haga falta por su beneficio.*

## *Rituales para el Mes de Enero*

**Enero 2024**

| Domingo | Lunes | Martes | Miércoles | Jueves | Viernes | Sábado |
|---|---|---|---|---|---|---|
| | **1** | **2** | **3** | **4** | **5** | **6** |
| **7** | **8** | **9** | **10** | **11** Luna Nueva | **12** | **13** |
| **14** | **15** | **16** | **17** | **18** | **19** | **20** |
| **21** | **22** | **23** | **24** | **25** Luna Llena | **26** | **27** |
| **28** | **29** | **30** | **31** | | | |

***Enero 11, 2024 Luna Nueva Capricornio 20°44'***

***Enero 25, 2024 Luna Llena Leo5°14***

## *Mejores rituales para el dinero*

***Jueves 11 de enero del 2024*** *(día de Júpiter). Luna Nueva en Capricornio, un signo de estabilidad. Buen día organizar nuestras metas, nuestras vocaciones, nuestra carrera, para obtener honores. Para pedir un aumento de sueldo, para hacer presentaciones, hablar en público. Para hechizos relacionados al trabajo o dinero. Rituales relacionados con obtener ascensos y promociones, las relaciones con superiores y conseguir el éxito.*

***Jueves 25 de enero 2024*** *(día de Venus) Favorable para los hechizos de dinero, amor y asuntos legales. Rituales relacionados con prosperidad y obtención de empleos.*

### ***Ritual para la Suerte en los Juegos de Azar***

*En un billete de lotería escribes la cantidad de dinero que quieres ganar en la parte delantera del billete y en el reverso tu nombre. Quemas el billete con*

*una vela color verde. Recoge las cenizas en un papel violeta y entiérralas.*

### ***Ganar Dinero con la Copa Lunar. Luna Llena***

*Necesitas:*
- *1 copa de cristal*
- *1 plato grande*
- *Arena fina*
- *Purpurina dorada (glitter)*
- *4 tazas de sal marina*
- *1 cuarzo malaquita*
- *1 taza de agua de mar, de rio o sagrada*
- *Ramas de canela o canela en polvo*
- *Albahaca seca o fresca*
- *Perejil fresco o seco*
- *Granos de maíz*
- *3 billetes de denominación corriente*

*Coloca dentro de la copa los tres billetes doblados, las ramas de canela, los granos de maíz, la malaquita, la albahaca y el perejil. Mezcla la purpurina con la arena y agrégala en la copa hasta llenarla completamente. Bajo la luz de la Luna Llena, coloca el plato con las cuatro tazas de sal marina.*

*Coloca la copa en el medio del plato, rodeada por la sal. Derrama la taza de agua sagrada en el plato, de forma que humedezca bien la sal, déjalo toda la noche a la luz de la Luna Llena, y parte del día hasta que el agua se vaporice y la sal esté nuevamente seca.*

*Agregas cuatro o cinco granitos de sal a la copa y botas el resto.*

*Lleva la copa para adentro de tu casa, en algún lugar visible o donde guardas el dinero.*

*Todos los días de Luna Llena vas a esparcir por cada rincón de tu casa un poco del contenido de la copa, y lo barres al día siguiente.*

## ***Mejores rituales para el Amor***

***Viernes 19 de enero 2024*** *(Dia de Venus). Apropiado para hechizos o rituales relacionados con el amor, contratos, y asociaciones.*

## *Hechizo para Endulzar a la Persona Amada*

*Escribes el nombre completo de la persona que amas y el tuyo encima de este siete veces en un papel cartucho (Brown paper).*

*Este papel lo colocas dentro de una copa de cristal y le pones miel, canela, un cuarzo rosado y pedacitos de cascara de naranja.*

*Mientras realizas el ritual repite en tu mente: "Te endulzo y entre nosotros reina solo el amor verdadero". Mantenlo en un lugar oscuro.*

## ***Ritual para Atraer el Amor***

*Necesitas*

*- Aceite de rosas*

*- 1 cuarzo rosado*

*- 1 manzana*

*- 1 rosa roja en un búcaro chiquito*

*- 1 rosa blanca en un búcaro chiquito*

*- 1 cinta roja larga*

*- 1 vela roja*

*Para mayor efectividad este ritual debe ser realizado un viernes o domingo a la hora del planeta Venus o Júpiter.*

*Debes consagrar la vela antes de empezar el ritual con aceite de rosas. Enciendes la vela. Cortas la manzana en dos pedazos y colocas uno en el búcaro de la rosa roja y otro en el de la rosa blanca. Enlaza con la cinta roja los dos búcaros. Los dejas toda la noche junto a la vela hasta que esta se consuma. Mientras realizas esta operación repite en tu mente: "Que la persona que está destinada a hacerme feliz aparezca en mi camino, la recibo y la acepto".*

*Cuando las rosas se sequen, junto con las mitades de las manzanas las entierras en tu patio o en una maceta con el cuarzo rosado.*

### ***Para Atraer un Amor Imposible***

*Necesitas:*
- *1 rosa roja*
- *1 rosa blanca*
- *1 vela roja*
- *1 vela blanca*
- *3 velas amarillas*
- *Fuente de cristal*
- *Pentáculo # 4 de Venus*

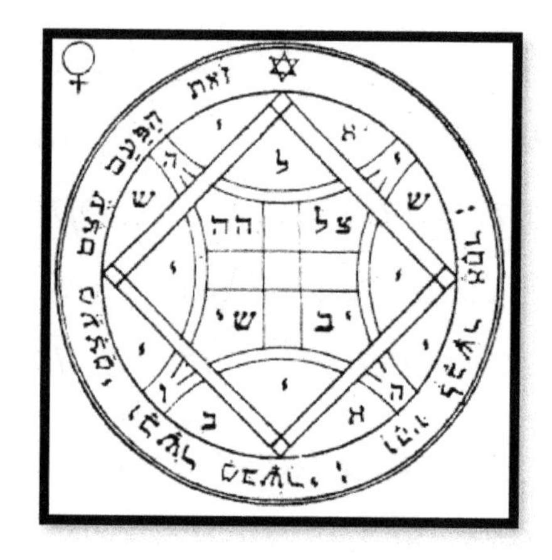

***Pentáculo #4 de Venus.***

*Debes colocar las velas amarillas en forma de triángulo. Escribes por detrás del pentáculo de Venus tus deseos acerca del amor y el nombre de esa persona que quieres en tu vida, colocas la fuente encima del pentáculo en el medio. Enciendes la vela roja y la blanca y las pones en la fuente junto con las rosas. Repites esta frase: "Universo desvía hacia mi corazón la luz del amor de (nombre completo)".*

*Lo repites tres veces. Cuando se hayan apagado las velas llevas todo al patio y lo entierras.*

## *Mejores rituales para la Salud*

***Martes 30 de enero 2024 (Dia de Marte).*** *Para protegerse, o recuperar la salud.*

## *Hechizo para proteger la Salud de nuestras Mascotas*

*Debes hervir agua mineral, tomillo, romero y menta. Cuando se enfríe colócalo en un envase atomizador delante de una vela verde y otra dorada.*

*Cuando las velas se consuman debes utilizar este atomizador sobre tu mascota durante nueve días. Principalmente sobre el pecho y el lomo.*

## *Hechizo para mejorar Inmediatamente*

*Debes conseguir una vela blanca, una verde y otra amarilla.*

*Las consagrarás (de la base hacia la mecha) con esencia de pino y las colocarás encima de una mesa con un mantel azul clarito, en forma de triángulo.*

*En el centro, pondrás un pequeño recipiente de cristal con alcohol y una pequeña amatista.*

*En la base del recipiente un papel con el nombre de la persona enferma o foto con su nombre completo atrás y fecha de nacimiento.*

*Enciendes las tres velas y las dejas prendidas hasta que se consuman totalmente.*

*Mientras realizas este ritual visualiza a la persona completamente sana.*

# *Hechizo para Adelgazar*

*Debes pincharte el dedo con un alfiler y en un papel blanco echar 3 gotas de tu sangre y una cucharada de azúcar, después cierras el papel envolviendo la sangre con el azúcar.*

*Colocas este papel en un envase de vidrio nuevo y sin dibujos, llenas el vaso hasta la mitad de tu orina, lo dejas toda la noche delante de una vela blanca y al otro día lo entierras.*

## *Rituales para el Mes de Febrero*

**Febrero 2024**

| Domingo | Lunes | Martes | Miércoles | Jueves | Viernes | Sábado |
|---|---|---|---|---|---|---|
| | | | | **1** | **2** | **3** |
| **4** | **5** | **6** | **7** | **8** | **9** Luna Nueva | **10** |
| **11** | **12** | **13** | **14** | **15** | **16** | **17** |
| **18** | **19** | **20** | **21** | **22** | **23** Luna Llena | **24** |
| **25** | **26** | **27** | **28** | **29** | | |

***Febrero 9, 2024 Luna Nueva Acuario 20°40'***

***Febrero 23, 2024 Luna Llena Virgo 5°22'***

## *Mejores rituales para el dinero*

*9 de febrero 2024 (Dia de Venus). En esta fase se trabaja para acrecentar cualquier cosa o atraerla. En este ciclo hacemos peticiones de que llegue el amor, aumente el dinero en nuestras cuentas o nuestro prestigio laboral.*

***Ritual para Aumentar la Clientela. Luna Gibosa Creciente***

*Necesitas:*

- *5 hojas de ruda*
- *5 hojas de verbena*
- *5 hojas de romero*
- *5 granos de sal gruesa de mar*
- *5 granos de café*
- *5 granos de trigo*
- *1 piedra imán*
- *1 bolsa blanca de tela*
- *Hilo rojo*
- *Tinta roja*
- *1 tarjeta del negocio*
- *1 maceta con una planta verde grande*
- *4 cuarzos citrina*

*Coloca todos los materiales dentro de la bolsa blanca, a excepción del imán, la tarjeta y las citrinas. Seguidamente la coses con hilo rojo, después escribes en su exterior con tinta roja el nombre del negocio. Durante una semana completa deja la bolsa debajo del mostrador o en una gaveta de tu mesa de trabajo.*

*Pasado este tiempo la entierras en el fondo de la maceta junto a la piedra imán y la tarjeta del negocio. Para terminar encima de la tierra de la maceta coloca las cuatro citrinas en dirección de los cuatro puntos cardinales.*

### ***Hechizo para ser Próspero***

*Necesitas:*

*- 3 piritas o cuarzo citrinas*

*- 3 monedas doradas*

*- 1 vela dorada*

*- 1 bolsita roja*

*El primer día de la Luna Nueva colocas una mesa cerca de una ventana; sobre la mesa colocarás las monedas y los cuarzos en forma de triángulo. Enciendes la vela, colócala en el medio y mirando al cielo repites tres veces la siguiente oración:*

*"Luna que iluminas mi vida, utiliza el poder que tienes para atraerme el dinero y haz que estas monedas se multipliquen".*

*Cuando la vela se haya consumido metes las monedas y los cuarzos con la mano derecha en la bolsita roja, llévalas siempre contigo, será tu talismán para atraer el dinero, nadie debe tocarla.*

***Mejores rituales para el Amor***

*11, 22, 25 de febrero 2024. Para hechizos o rituales relacionados con el amor, contratos, y asociaciones.*

### ***Ritual para Consolidar el Amor***

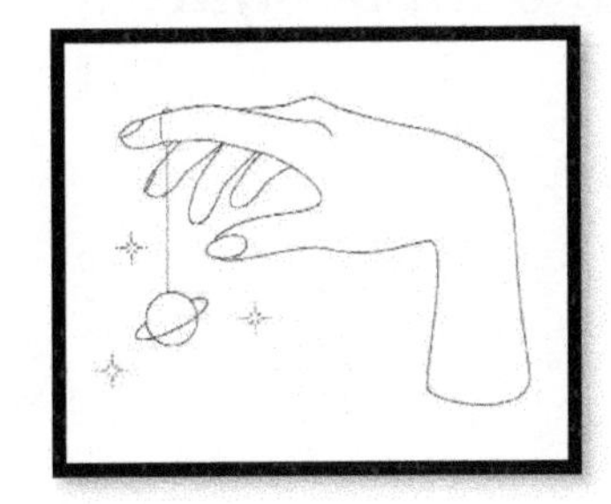

*Este hechizo es más efectivo en la fase de Luna Llena.*

*Necesitas:*
*- 1 caja de madera*
*- Fotografías*
*- Miel*
*- Pétalos de rosas rojas*
*- 1 cuarzo amatista*
*- Canela en rama*

*Debes coger las fotografías, le escribes los nombres completos y las fechas de nacimiento, las colocas dentro de la cajita de forma que queden mirándose una a la otra.*

*Añades la miel, los pétalos de rosas, la amatista y la canela.*

*Colocas la cajita debajo de tu cama por trece días. Pasado este tiempo extrae la amatista de la cajita la lavas con agua de Luna.*

*La debes mantener contigo como amuleto para atraer ese amor que anhelas. El resto debes de llevarlo a un rio o un bosque.*

## *Ritual para Rescatar un Amor en Decadencia*

*Necesitas:*
- *2 velas rojas*
- *1 trozo de papel amarillo*
- *1 sobre rojo*
- *1 lápiz rojo*
- *1 foto de la persona amada y una foto tuya*
- *1 recipiente de metal*
- *1 cinta roja*
- *Aguja de coser nueva*

*Este ritual es más efectivo durante la fase de Luna Creciente y un viernes a la hora del planeta Venus o el Sol. Debes consagrar tus velas con aceite de rosas o canela.*

*Escribes en el papel amarillo con el lápiz rojo tu nombre y el de tu pareja. También escribes lo que deseas con palabras cortas pero precisas. Escribes los nombres en cada vela con la aguja de coser. Enciendes las velas y colocas el papel entre las fotos puestas cara a cara y las atas con la cinta. Quemas las fotos en la recipiente de metal con la vela que tiene tu nombre y repites en voz alta:*

*"Nuestro se fortalece por la fuerza del universo y de todas las energía que existen a través del tiempo".*

*Colocas las cenizas en el sobre y cuando las velas se consuman metes el sobre debajo de tu colchón en la parte de la cabecera.*

## ***Mejores rituales para la Salud***

*4,12,19 de febrero 2024. Períodos aconsejable para intervenciones quirúrgicas, dado que favorece la capacidad de sanación.*

## ***Ritual para la Salud***

*Debes hervir en una cazuela varios pétalos de rosas blancas, romero y ruda. Cuando se enfríe le agregas esencia de rosas y aceite de almendras. Enciendes cinco velas moradas en tu cuarto de baño, que previamente habrás consagrado con aceite de naranja*

*y eucalipto. En una vela debes escribir el nombre de la persona. Báñate con esta agua y mientras estés bañándote, tienes que visualizar que las enfermedades no se acercaran a ti ni, a tu familia.*

### ***Ritual para la Salud en la Fase de Luna Creciente***

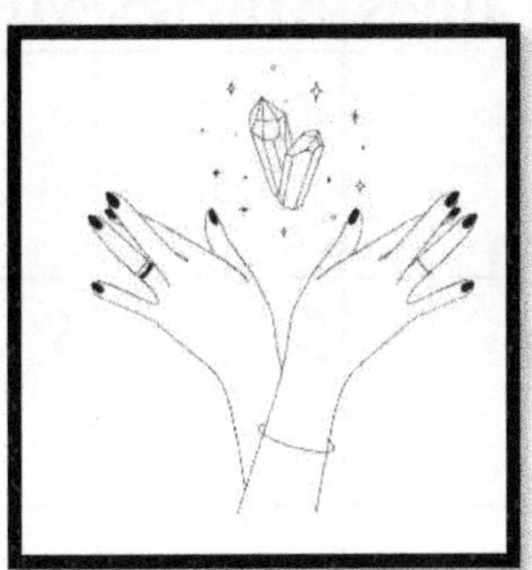

*En un papel de aluminio colocarás sal marina, 3 dientes de ajo, cuatro hojas de laurel, cinco hojas de ruda, una turmalina negra y un papel con el nombre de la persona. Lo doblas y lo amarras con una cinta moradas. Lleva este amuleto contigo en el bolsillo de la chaqueta o el bolso.*

## *Rituales para el Mes de Marzo*

**Marzo 2024**

| Domingo | Lunes | Martes | Miércoles | Jueves | Viernes | Sábado |
|---|---|---|---|---|---|---|
| | | | | | 1 | 2 |
| 3 | 4 | 5 | 6 | 7 | 8 | 9 |
| 10 Luna Nueva | 11 | 12 | 13 | 14 | 15 | 16 |
| 17 | 18 | 19 | 20 | 21 | 22 | 23 |
| 24 Luna Llena | 25 | 26 | 27 | 28 | 29 | 30 |
| 31 | | | | | | |

***Marzo 10, 2024 Luna Nueva Piscis 20°16'***

***Marzo 24, 2024 Luna Llena Libra 5°07' (Eclipse Penumbral de Luna 5°13')***

## *Mejores rituales para el dinero*

*8,10,22 de marzo 2024. Rituales relacionados con prosperidad y obtención de empleos.*

### *Hechizo para tener Éxito en las Entrevistas de Trabajo.*

*Colocas en una bolsita verde tres hojas de salvia, albahaca, perejil y ruda. Agregas un cuarzo ojo de tigre y una malaquita.*

*Cierras la bolsita con una cinta dorada. Para activarla los pones en tu mano izquierda a la altura del corazón y luego unos centímetros arriba pones la mano derecha, cierras tus ojos y te imaginas una energía blanca salir de tu mano derecha hacia tu mano izquierda cubriendo la bolsita.*

*La mantienes en tu cartera o bolsillo.*

## *Ritual para que el Dinero siempre esté Presente en tu Hogar.*

*Necesitas una botella de cristal blanco, frijoles negros, frijoles colorados, semillas de girasol, granos de maíz, granos de trigo y un sahumerio de mirra.*

*Introduces todo en la botella en ese mismo orden, la cierras con una tapa de corcho y le echas el humo del sahumerio. Después la colocas como decoración en tu cocina.*

## *Hechizo Gitano para la Prosperidad*

*Consigue una maceta mediana de barro y las pintas de color verde. En el fondo pones un poco de mirra, una moneda y unas gotitas de aceite de oliva. Cúbrelo con una capa de tierra y colocas semillas de tu planta favorita. Añades canela y más tierra. Debes*

*tenerla en el comedor de tu casa y regarla para que crezca.*

### *Mejores rituales para el amor*

*1, 17, 24, 29 de marzo 2024*

### *Ritual para Alejar Problemas en la Relación*

*Este ritual debes practicarlo durante el Eclipse de Luna o en la fase de Luna Llena.*

*Necesitas:*
- *1 cinta blanca*
- *1 tijeras nuevas*
- *1 bolígrafo de tinta roja*

*Debes escribir en la cinta blanca con la tinta roja el problema que estás teniendo y el nombre de la persona. Después la picas en siete pedazos con las tijeras y mientras lo haces repites en alta voz:*

*“"Este es mi problema. Quiero que se vayas y no vuelvas nunca más. Por favor, aléjalo de mí. Así es".*

*Colocas todo dentro de una bolsa negra y entiérralo.*

***Amarre de Amor***

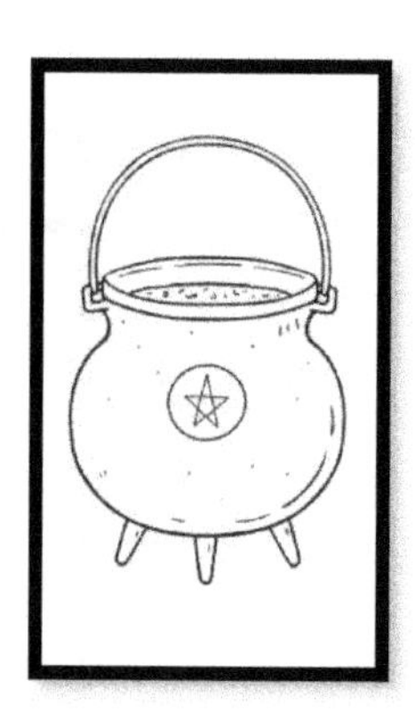

*Necesitas:*

*- Hierba buena*

*- Albahaca*

*- Foto de la persona que amas que no tenga lentes y de cuerpo entero*

*- Foto tuya de cuerpo entero y sin lentes*

*- 1 pañuelo de seda amarillo*

*- 1 cajita de madera*

*Colocas dentro de la cajita las dos fotografías con el nombre escrito por atrás de cada uno. Le pones el pañuelo amarillo adentro y le esparces la albahaca y la hierba buena. Déjala expuesto a las energías de la Luna. Al día siguiente entiérralo en un lugar que nadie sepa, cuando estés abriendo el hoyo visualiza lo que deseas. Cuando llegue la Luna Llena desentierra la cajita y la botas en un rio o en el mar.*

***Mejores rituales para la Salud***

*Cualquier día, menos el sábado.*

***Hechizo contra la Depresión***

*Debes coger un higo con tu mano derecha y colocártelo en la parte izquierda de tu boca sin masticarlo o tragártelo. Después coges una uva con tu mano izquierda y lo colocas en la parte derecha de tu boca sin masticarla. Cuando ya tienes ambas frutas en la boca las muerdes a la misma vez y te los tragas, la fructuosa que emanan te dará energía y alegría.*

## *Hechizo para Recuperación*

*Elementos Necesarios:*

- *1 vela blanca o rosada*
- *Pétalos de la rosa*
- *Aceite de Eucalipto*
- *Aceite de limón*
- *Aceite de Naranja*

*Debes escribir con una aguja de coser el nombre de la persona que necesita el hechizo. Consagra la vela con los aceites bajo la luna llena, mientras repites: "La tierra, el Aire, el Fuego, el Agua traen Paz, Salud, Alegría, y Amor a la vida de (dices el nombre de la persona)". Deja que la vela se consuma completamente. Los restos los puedes desechar en cualquier lugar.*

# *Rituales para el Mes de Abril*

**Abril 2024**

| Domingo | Lunes | Martes | Miércoles | Jueves | Viernes | Sábado |
|---|---|---|---|---|---|---|
| | 1 | 2 | 3 | 4 | 5 | 6 |
| 7 | 8 Luna Nueva | 9 | 10 | 11 | 12 | 13 |
| 14 | 15 | 16 | 17 | 18 | 19 | 20 |
| 21 | 22 Luna Llena | 23 | 24 | 25 | 26 | 27 |
| 28 | 29 | 30 | | | | |

***Abril 8, 2024 Luna Nueva y Eclipse Total de Sol en Aries 19°22'***

***Abril 22, 2024 Luna Llena Escorpion 23°:48'***

## *Mejores rituales para el dinero*

*8, 7, 13, 22 de abril 2024*

***Hechizo Abre Caminos para la Abundancia.***

*Necesitas:*
*- Laurel*
*- Romero*
*- 3 monedas doradas*
*- 1 vela dorada*
*- vela plateada*
*- 1 vela blanca*

*Realizar después de las 24 horas de la Luna Nueva.*

*Pones las velas en forma de pirámide, le colocas una moneda al lado a cada una y las hojas de laurel y romero en el medio de este triángulo. Enciende las velas en este orden: primero la plateada, blanca y dorada. Repite esta invocación: "Por el poder de la energía purificadora y de la energía infinita yo invoco la ayuda de todas las entidades que me protegen para sanar mi economía".*

*Dejas que las velas se consuman totalmente y guardas las monedas en tu cartera; estas tres monedas no las puedes gastar. Cuando el laurel y el romero se sequen las quemas y pasas el humo de este sahumerio por tu hogar o negocio.*

### *Mejores rituales para el Amor*

*2, 13, 17 de abril 2024*

### *Amarre Marroquí para el Amor*

*Necesitas:*

- *Saliva de la otra persona*
- *Sangre de la otra persona*
- *Tierra*
- *Agua de rosas*
- *1 pañuelo rojo*
- *Hilo rojo*

*- 1 cuarzo rosado*
*- 1 turmalina negra*

*Debes colocar el pañuelo rojo sobre una mesa. Colocas la tierra encima del pañuelo y encima colocas la saliva, el cuarzo rosado, la turmalina negra y la sangre de la persona la cual quieres atraer. Rocías con agua de rosas todo y atas el pañuelo con el hilo rojo, cuidando que no se salgan los componentes. Debes enterrar este pañuelo.*

### ***Hechizo para Endulzar a la Persona Amada***

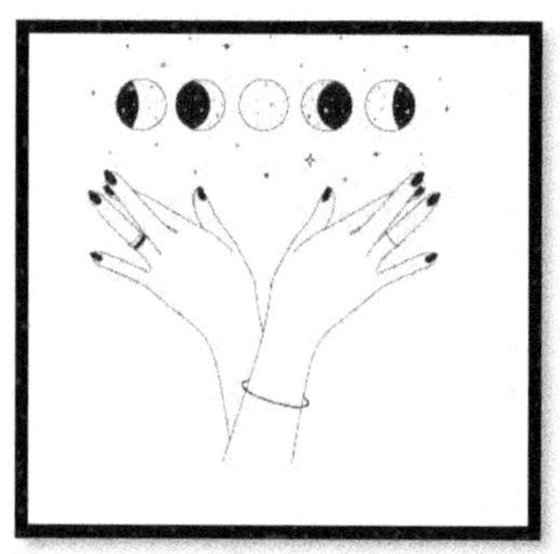

*Escribes el nombre completo de la persona que amas y el tuyo encima de este siete veces en un papel cartucho (Brown paper). Este papel lo colocas dentro de una copa de cristal y le pones miel, canela, un cuarzo rosado y pedacitos de cascara de naranja. Mientras realizas el ritual repite en tu mente: "Te endulzo y entre nosotros reina solo el amor verdadero". Mantenlo en un lugar oscuro.*

## ***Mejores rituales para la Salud***

*13, 21, 27 de abril 2024.*

### ***Hechizo Romano para la Buena Salud***

*Debes juntar cinco hojas de romero, ruda y pétalos de rosas blancas y hervirlas. Colocas el preparado, cuando se enfríe, por tres horas encima del tercer pentáculo de Mercurio. Añádele esencia de sándalo, rosa y aceite de lavanda. Ofrézcale estos baños a los Ángeles de la Guarda del niño durante cinco días encendiendo una vela morada para transformar lo negativo en positivo que previamente debes consagrar con aceite de mandarina.*

*Tercer Pentáculo de Mercurio*

## *Rituales para el Mes de Mayo*

**Mayo 2024**

| Domingo | Lunes | Martes | Miércoles | Jueves | Viernes | Sábado |
|---|---|---|---|---|---|---|
| | | | 1 | 2 | 3 | 4 |
| 5 | 6 | 7 | 8 Luna Nueva | 9 | 10 | 11 |
| 12 | 13 | 14 | 15 | 16 | 17 | 18 |
| 19 | 20 | 21 | 22 Luna Llena | 23 | 24 | 25 |
| 26 | 27 | 28 | 29 | 30 | 31 | |

***Mayo 8, 2024 Luna Nueva Tauro 18°01'***

***Mayo 22, 2024 Luna Llena Sagitario 2°54'***

***Mejores rituales para el dinero***

*6, 13, 21, 25 de mayo 2024*

***"Imán de Dinero" Luna Creciente***

*Necesitas:*

*- 1 copa de vino vacía*

*- 2 velas verdes*

*- 1 puñado de arroz blanco*

*- 12 monedas de curso legal*

*- 1 imán*

*- Arroz blanco*

*Enciendes las dos velas que deben estar situadas una a cada lado de la copa de vino. En el fondo de la copa pones el imán. Después coges un puñado de arroz blanco y lo depositas en la copa. Después colocas dentro de la copa las doce monedas. Cuando las velas se consuman hasta el final, colocas las monedas en la esquina de la prosperidad de tu casa o negocio.*

## ***Hechizo para Limpiar la Negatividad en tu Casa o Negocio.***

*Necesitas:*

- *Cascarilla de un huevo*
- *1 ramo de flores blancas*
- *Agua sagrada o agua de Luna Llena*
- *Leche*
- *Canela en Polvo*
- *Cubo de limpiar nuevo*
- *Trapeador nuevo*

*Empiezas barriendo tu casa o negocio de adentro hacia afuera de la calle repitiendo en tu mente que salga lo negativo y que entre lo positivo. Mezclas todos los ingredientes en el cubo y limpias el piso desde adentro hacia afuera de la puerta de la calle.*

*Dejas que el piso se seque y barres las flores hacia la puerta de la calle, las recoges y las botas en la basura junto con el cubo y el trapeador. No toques nada con tus manos. Debes hacerlo una vez a la semana, preferiblemente a la hora del planeta Júpiter.*

## *Mejores rituales para el Amor*

*22 de mayo Luna Llena.*

### *Lazo Irrompible de Amor*

*Necesitas:*
*- 1 cinta Verde*
*- 1 marcador rojo*

*Debes coger la cinta verde y escribir tu nombre completo y el de la persona que amas con tinta roja. Después escribes las palabras: amor, venus y pasión tres veces. Amarras la cinta a la cabecera de tu cama y cada noche haces un nudo por nueve noches consecutivas. Pasado este tiempo te amarras con tres nuditos la cinta en el brazo izquierdo. Cuando se rompa lo quemas y botas las cenizas en el mar o en un lugar donde corra el agua.*

## *Ritual para que solo te Ame a Ti*

*Este ritual es más efectivo si lo realizas durante la fase de la Luna Gibosa Creciente y un viernes a la hora del planeta Venus.*

*Necesitas:*
- *1 cucharada de miel*
- *1 Pentáculo # 5 de Venus.*
- *1 bolígrafo con tinta roja*
- *1 vela blanca*
- *1 aguja de coser nueva*

**Pentáculo #5 de Venus.**

*Debes escribir por detrás del pentáculo de Venus con la tinta roja el nombre completo de la persona que amas y como deseas que ella se comporte contigo, debes ser especifico. Después lo mojas con la miel y lo enrollas en la vela de forma que se quede pegado. Lo aseguras con la aguja de coser. Cuando la vela se consuma entierras los restos y repites en alta voz: "El amor de (nombre) me pertenece solo a mí".*

## ***Té para Olvidar un Amor***

*Necesitas:*

- *5 hojas de menta*
- *1 cucharada de miel de abejas*
- *3 ramitas de canela*

*En una taza de agua debes hervir todos los ingredientes, lo dejas reposar. Tómatelo pensando en todos los daños que esta persona te hizo. Los hombres deben tomarlo un martes o miércoles por la noche antes de acostarse y las mujeres los lunes o viernes antes de ir a la cama.*

## *Ritual con tus Uñas para el Amor*

*Debes cortarte las uñas de las manos y los pies y colocarlas en un recipiente de metal a fuego medio para que se tuesten todos los residuos de estas uñas. Lo sacas y los trituras hasta convertirlos en polvo. Este polvo se lo darás a tu pareja en la bebida o comida.*

.

## Mejores rituales para la Salud

*Cualquier día de mayo 2024. Excepto los sábados.*

## *Fórmula Mágica para tener una Piel Brillante*

*Mezclas ocho cucharadas de miel, ocho cucharaditas de aceite de oliva, ocho cucharadas de azúcar morena, una cáscara de limón rallada y cuatro gotas de limón. Cuando quede como una masa suave vas a*

*ponértela en todo el cuerpo haciéndote un masaje por cinco minutos.*

*Después te bañas y alternas aguas calientes y luego con agua fría.*

## ***Hechizo para Curar el Dolor de Muelas***

*Debes hacer con sal marina una estrella de cinco puntas, grande porque tienes que pararte en el centro de esta.*

*En cada punta colocas una vela negra y el símbolo del tetragrámaton (puedes imprimir la imagen), hojas de romero, laurel, cáscaras de manzana y hojas de lavanda.*

*Cuando sean las 12:00am te paras en el centro, enciendes las velas y repites:*

*sanus ossa mea sunt: et labia circa dentes meos*

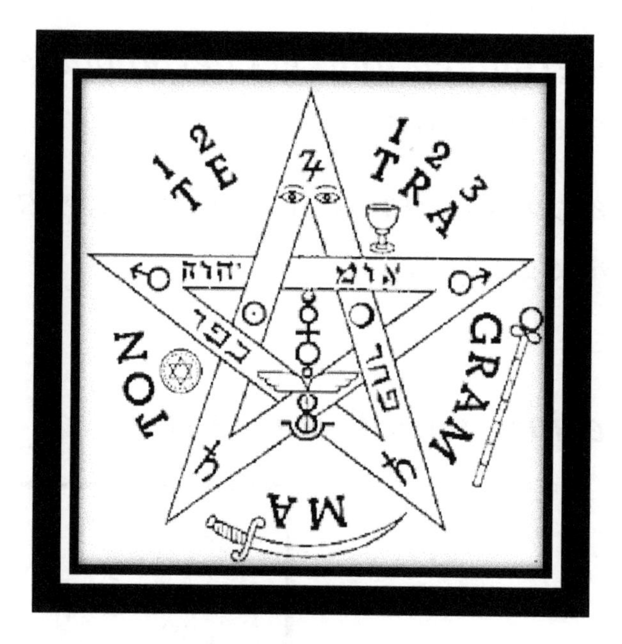


*Símbolo del Tetragrámaton*

## *Rituales para el Mes de Junio*

**Junio 2024**

| Domingo | Lunes | Martes | Miércoles | Jueves | Viernes | Sábado |
|---|---|---|---|---|---|---|
| | | | | | | **1** |
| **2** | **3** | **4** | **5** | **6** Luna Nueva | **7** | **8** |
| **9** | **10** | **11** | **12** | **13** | **14** | **15** |
| **16** | **17** | **18** | **19** | **20** Luna Llena | **21** | **22** |
| **23** | **24** | **25** | **26** | **27** | **28** | **29** |
| **30** | | | | | | |

***Junio 6, 2024 Luna Nueva Géminis 16°17'***

***Junio 20, 2024 Luna Llena Capricornio 1°06'***

## *Mejores rituales para el dinero*

*6,13,20, 27 son jueves, días de Júpiter.*

## *Hechizo Gitano para la Prosperidad*

.

*Consigue una maceta mediana de barro y las pintas de color verde. En el fondo pones un poco de mirra, una moneda y unas gotitas de aceite de oliva. Cúbrelo con una capa de tierra y colocas semillas de tu planta favorita. Añades canela y más tierra. Debes tenerla en el comedor de tu casa y regarla para que crezca.*

## *Fumigación Mágica para mejorar la Economía de tu Hogar.*

*Debes encender tres carbones en un recipiente de metal o barro y agregarle una cucharada de canela,*

*romero y cáscaras de manzanas secas. Lo pasas por toda la casa caminando en el sentido de las agujas del reloj.*

*Después colocas en un cubo de agua pétalos de rosas blancas y lo dejas reposar por tres horas.*

*Con esta agua limpiarás tu hogar.*

***Esencia Milagrosa para Atraer Trabajo.***

*En una botella de cristal oscuro colocarás 32 gotas de alcohol, 20 gotas de agua de rosas, 10 gotas de agua de lavanda y unas hojas de jazmín.*

*Lo agitas varias veces pensando en lo que deseas atraer.*

*Lo pones en un difusor, puedes utilizarlo para tu casa, negocio o como perfume personal.*

## *Hechizo para Lavarnos las Manos y Atraer Dinero.*

*Necesitas una recipiente de barro, miel y agua de Luna Llena.*

*Lávate las manos con este líquido, pero que el agua se quede dentro de la cazuela.*

*Después deja la ollita frente a un negocio próspero o casino de juegos de azar.*

### *Mejores rituales para el Amor*

*Cualquier día de junio 2024. Excepto los sábados.*

## *Ritual para Prevenir Separaciones*

*Necesitas:*
*- 1 maceta con flores rojas*
*- Miel*
*- Pentáculo # 1 de Venus*
*- 1 vela roja en forma de pirámide*
*- Fotografía de la persona amada*
*- 7 velas amarillas*

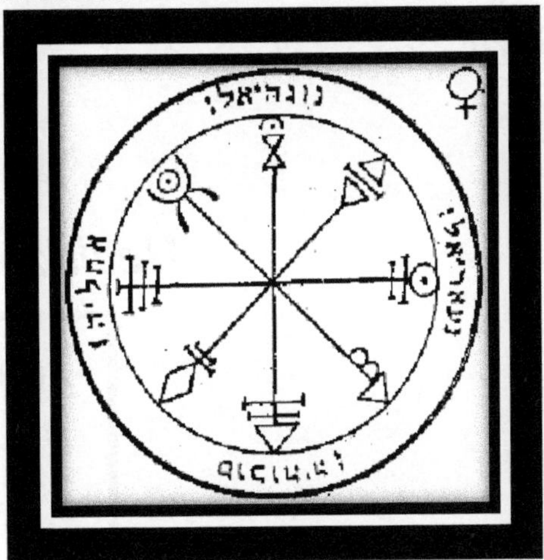

**Pentáculo #1 de Venus.**

*Debes encender las siete velas amarillas en forma de círculo. Después escribes por detrás del pentáculo de Venus el siguiente conjuro:*

*“"Te ruego que me ames toda esta vida, mi querido amor" y el nombre de la otra persona. Este pentáculo lo entierras en la maceta después de doblarlo en cinco partes juntamente con la foto. Enciendes la vela roja y derramas la miel sobre la tierra de la maceta.*

*Mientras realizas esta operación repites en alta voz el siguiente conjuro: "Gracias al poder del Amor, oramos, por eso (nombre de la persona), con un sentido de amor verdadero que es el mío, se preserva para que nadie ni ninguna fuerza pueda separarnos".*

*Cuando las velas se consuman botas los restos en la basura. La maceta la mantienes a tu alcance y la cuidas.*

## *Hechizo Erótico*

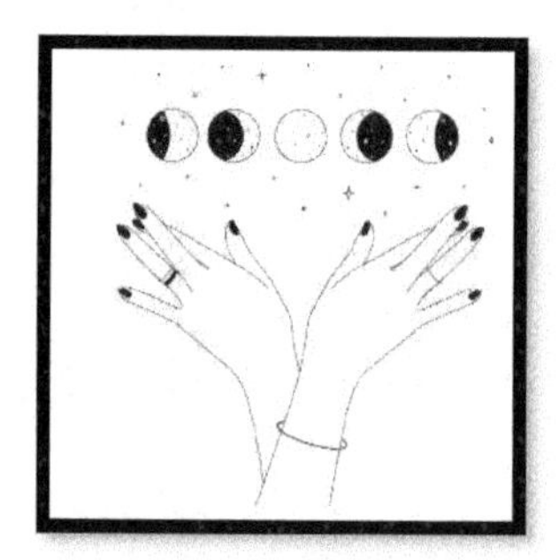

*Debes conseguir una vela roja en forma de pene o vagina (dependiendo del sexo de quien practique el hechizo). Escribes el nombre de la otra persona en la misma.*

*Debes consagrarla con aceite de girasol y canela.*

*Debes encenderla una vez al día, dejándola que se queme solamente dos centímetros.*

*Cuando la vela se consuma totalmente colocas los restos dentro de una bolsita de tela roja junto con el pentáculo #4 de Marte.*

*Esta bolsita la debes mantener debajo de tu colchón por quince días.*

*Después de este tiempo la puedes botar en la basura.*

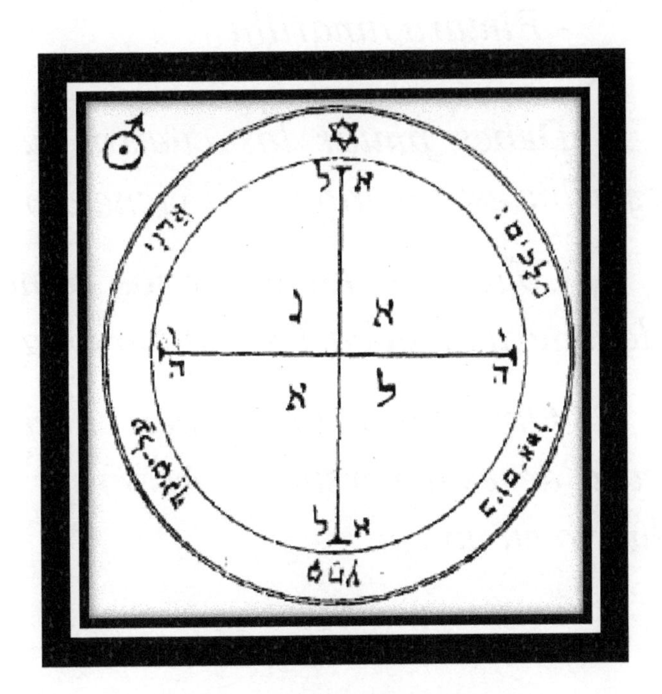

***Pentáculo #4 Marte***

## *Ritual con Huevos para Atraer*

*Necesitas:*
*- 4 huevos*
*- Pintura amarilla*

*Debes pintar los cuatro huevos de amarillo y escribir esta palabra "él viene a mí".*

*Coges dos huevos y los rompes en las esquinas delantera de la casa de la persona que quieres atraer.*

*Otro huevo lo rompes en el mismo frente de la casa de esta persona. Al tercer día botas el cuarto huevo en un rio.*

## *Hechizo Africano para el Amor*

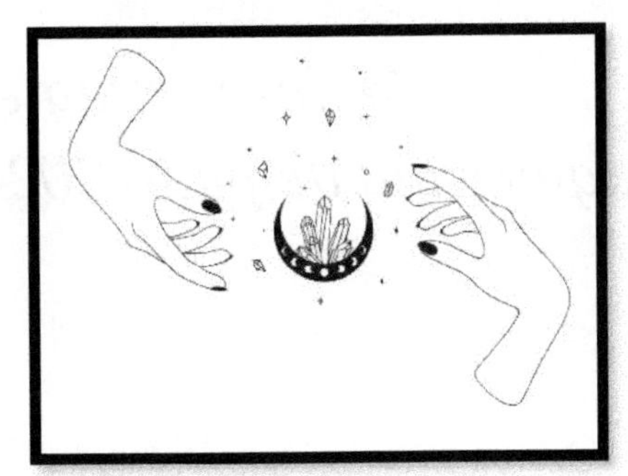

*Necesitas:*
- *1 huevo*
- *5 velas rojas*
- *1 pañuelo negro*
- *Calabaza*
- *Aceite de canela*
- *5 agujas de coser*
- *Miel de abejas*
- *Aceite de Oliva*
- *5 pedazos de masa de pan*
- *Pimienta de guinea*

*Abres un orificio en la calabaza, después que hayas escrito el nombre completo de la persona que quieres atraer en un papel cartucho, lo introduces dentro de la misma.*

*Atraviesas la calabaza con las agujas repitiendo el nombre de esta persona. Echas los demás ingredientes dentro de la calabaza y la envuelves en el pañuelo negro. Dejas la calabaza así envuelta por cinco días enfrente de las velas rojas, una por día. Al sexto día entierras la calabaza en la orilla de un rio.*

## *Mejores rituales para la Salud*

*Cualquier día de junio 2024*

### *Hechizo para Adelgazar*

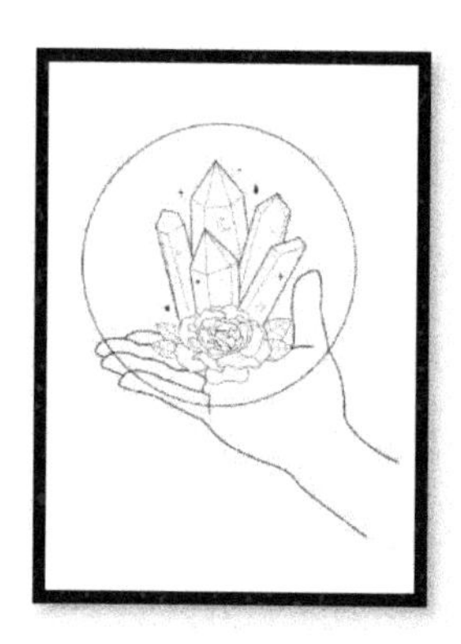

*Debes pincharte el dedo con un alfiler y en un papel blanco echar 3 gotas de tu sangre y una cucharada de azúcar, después cierras el papel envolviendo la sangre con el azúcar.*

*Colocas este papel en un envase de vidrio nuevo y sin dibujos, llenas el vaso hasta la mitad de tu orina, lo dejas toda la noche delante de una vela blanca y al otro día lo entierras.*

## *Hechizo para Mantener la Buena Salud*

*Elementos necesarios.*

- *1 vela blanca.*
- *1 estampita del Ángel de tu devoción.*
- *3 inciensos de sándalo.*
- *Carbones vegetales.*
- *Hierbas secas de eucalipto y albahaca.*
- *Un puñado de arroz, un puñado de trigo.*
- *1 plato blanco o una bandeja.*
- *8 Pétalos de rosas de color rosa.*
- *1 frasco de perfume, personal.*
- *1 cajita de madera.*

*Debes limpiar el ambiente encendiendo los carbones vegetales en un recipiente de metal. Cuando los carbones estén bien encendidos, les colocarás poco a poco las hierbas secas y recorrerás la habitación con el recipiente, para que se eliminen las energías negativas.*

*Terminado el sahumerio debes abrir las ventanas para que se disipe el humo.*

*Prepara un altar encima de una mesa cubierta de un mantel blanco. Coloca encima de ella la estampita escogida y alrededor colocas los tres inciensos en forma de triángulo. Debes consagrar la vela blanca, después la enciendes y la pones frente al ángel juntamente con el perfume destapado.*

*Debes estar relajado, para eso debes concentrarte en tu respiración. Visualiza a tu ángel y agradécele por toda la buena salud que tienes y la que tendrás siempre, este agradecimiento tiene que salir de lo profundo de tu corazón.*

*Después de haber realizado el agradecimiento, le entregarás a manera de ofrenda el puñado de arroz y el puñado de trigo, que debes colocar dentro de la bandeja o plato blanco.*

*Dispersa sobre el altar todos los pétalos de rosas, dando nuevamente gracias por los favores recibidos. Terminado el agradecimiento dejarás la vela encendida hasta que se consuma totalmente. Lo último que debes hacer es juntar todos los restos de vela, de los sahumerios, el arroz y el trigo, y colocarlos en una bolsa de plástico y la botarás en un lugar donde haya árboles sin la bolsa.*

*La estampita del ángel junto con los pétalos de rosa colócalas dentro de la caja y ubícala en un lugar seguro de tu casa. El perfume energizado, lo utilizas usará cuando sientas que las energías están bajando, a la vez que visualizas a tu ángel y le pides su protección.*

## ***Baño de Protección antes de una Operación Quirúrgica***

*Elementos necesarios:*

*- Campana Morada*

*- Agua de Coco*

*- Cascarilla*

*- Colonia 1800*

*- Siempre Viva*

*- Hojas de Menta*

*- Hojas de Ruda*

*- Hojas de Romero*

*- Vela Blanca*

*- Aceite de Lavanda*

*Hierves todas las plantas en el agua de coco, cuando se enfríe lo cuelas y le agregas la cascarilla, colonia, el aceite de lavanda y enciendes la vela en la parte oeste de tu cuarto de baño. Viertes la mezcla en el agua del baño. Sino tienes bañera te lo echas encima y no te secas.*

## *Rituales para el Mes de Julio*

**Julio 2024**

| Domingo | Lunes | Martes | Miércoles | Jueves | Viernes | Sábado |
|---|---|---|---|---|---|---|
| | **1** | **2** | **3** | **4** | **5** | **6** Luna Nueva |
| **7** | **8** | **9** | **10** | **11** | **12** | **13** |
| **14** | **15** | **16** | **17** | **18** | **19** | **20** Luna Llena |
| **21** | **22** | **23** | **24** | **25** | **26** | **27** |
| **28** | **29** | **30** | **31** | | | |

***Julio 6, 2024 Luna Nueva Cáncer 14°23'***

***Julio 20, 2024 Luna Llena Capricornio 29°08'***

## *Mejores rituales para el dinero*

*6,20 y 22 de Julio, el Sol entra en Leo.*

### *Limpieza para Conseguir Clientes.*

*Machacas en un mortero diez avellanas sin cáscara y un ramito de perejil.*

*Hierves dos litros de agua de Luna Llena y agrégale los ingredientes que machacaste. Déjalos hervir por 10 minutos y luego cuélalo.*

*Con esta infusión limpiarás el piso de tu negocio, desde la puerta de entrada hasta el fondo de este.*

*Debes repetir esta limpieza todos los lunes y jueves por espacio de un mes, de ser posible a la hora del planeta Mercurio.*

## *Atrae a la Abundancia Material. Luna en Cuarto Creciente*

*Necesitas:*

*- 1 moneda de oro o un objeto de oro, sin piedras.*

*- 1 moneda de cobre*

*- 1 moneda de plata*

*Durante una noche de Luna Cuarto Creciente con las monedas en tus manos, dirígete a un lugar donde los rayos de la Luna las iluminen.*

*Con las manos en alto vas a repetir: "Luna ayúdame a que mi fortuna siempre crezca y la prosperidad siempre me acompañe".*

*Haz que las monedas suenen dentro de tus manos.*

*Después las guardarás en tu cartera. Puedes repetir este ritual todos los meses.*

## *Hechizo para Crear un Escudo Económico para tu Negocio o trabajo.*

*Necesitas:*

- *5 pétalos de flores amarillas*
- *Semillas de girasol*
- *Cáscara de un limón secada al sol*
- *Harina de trigo*
- *3 monedas de uso corriente*

*Trituras en un mortero las flores amarillas y las semillas de girasol, después le agregas la cáscara de limón y la harina de trigo.*

*Mezclas bien los ingredientes y los guardas junto con las tres monedas en un frasco herméticamente cerrado.*

*Este preparado lo debes usar todas las mañanas antes de salir de tu casa.*

*Debes introducir en el frasco las yemas de los cinco dedos de la mano izquierda primero y de la derecha después, luego te lo frotas en las palmas de las manos.*

## *Mejores rituales para el Amor*

*Cualquier día de Julio.*

### *Hechizo para Obtener Dinero Express.*

*Este hechizo es más efectivo si lo realizas un jueves.*

*Vas a llenar una fuente de cristal con arroz.*

*Después enciendes una vela verde (la cual previamente debes haber consagrado) y la colocas en el centro de la fuente.*

*Enciendes el incienso de canela y rodeas la fuente con su humo a favor de las manecillas del reloj seis veces.*

*Mientras realizas este procedimiento repites mentalmente: "Abro mi mente y mi corazón a la riqueza.*

*La abundancia llega a mí, ahora y todo está bien.*

*El universo está irradiando riqueza a mi vida, ahora". Los restos los puedes desechar en la basura.*

**Baño para Atraer Ganancias Económicas**

*Necesitas:*

*- 1 planta de ruda*

*- Agua florida*

*- 5 flores amarillas*

*- 5 cucharadas de miel de abeja*

*- 5 palitos de canela*

*- 5 gotas de esencia de sándalo*

*- 1 varita de incienso de sándalo*

*El primer día de Luna Creciente durante una hora favorable para la prosperidad, hierve todos los ingredientes por cinco minutos, con excepción del Aguaflorida y el incienso. Divide este baño porque lo debes hacer por cinco días. El que no utilices lo debes conservar en frio. Añade un poco de Aguaflorida a la preparación y enciende el incienso. Báñate y enjuágate como de rutina. Lentamente dejas caer el preparado desde tu cuello hasta los pies. Realiza lo anterior durante cinco días consecutivos.*

### ***Mejores rituales para la Salud***

*Cualquier día de Julio.*

### ***Hechizo para un Dolor Crónico.***

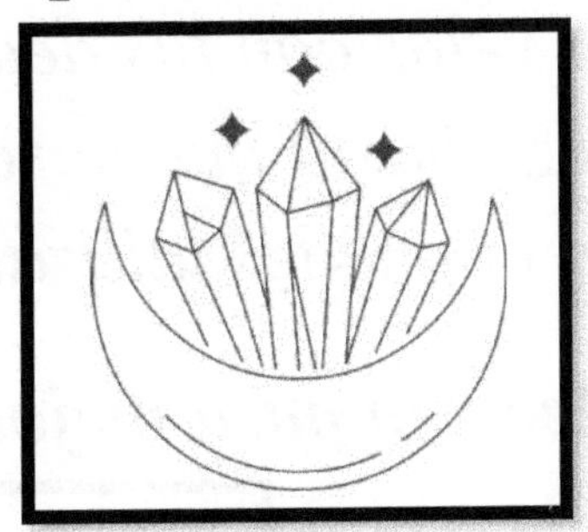

*Elementos Necesarios:*

- *1 vela dorada*
- *1 vela blanca*
- *1 vela verde*
- *1 Turmalina negra*
- *1 foto suya u objeto personal*
- *1 vaso con agua de Luna*
- *Fotografía de la persona u objeto personal*

*Coloca las 3 velas en forma de triángulo y en el centro ubicas la foto o el objeto personal. Pones el vaso con agua de Luna encima de la foto y le echas la turmalina adentro. Luego enciendes las velas y repites el siguiente conjuro: "enciendo esta vela para lograr mi restablecimiento, invocando mis fuegos internos y a las salamandras y ondinas protectoras, para trasmutar este dolor y malestar en energía sanadora de salud y bienestar. Repite esto oración 3 veces. Cuando termines la oración coges el vaso, sacas la turmalina y botas el agua a un desagüe de la casa, apaga las velas con tus dedos y guárdelas para repetir este hechizo hasta que te recuperes totalmente. La turmalina la puedes utilizar de amuleto para la salud.*

**Hechizo para mejorar Inmediatamente**

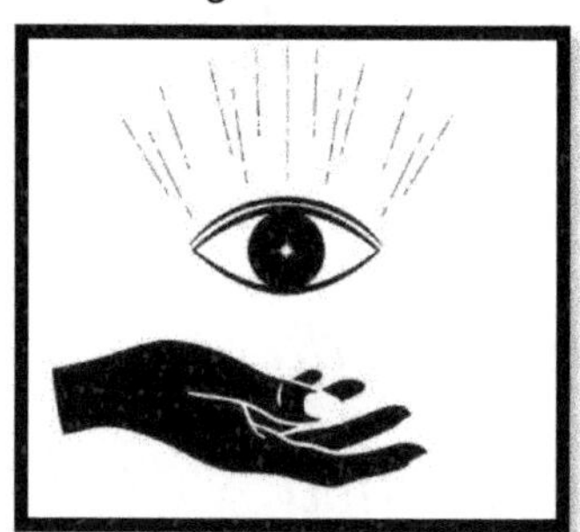

*Debes conseguir una vela blanca, una verde y otra amarilla. Las consagrarás (de la base hacia la mecha) con esencia de pino y las colocarás encima de una mesa con un mantel azul clarito, en forma de triángulo. En el centro, pondrás un pequeño recipiente de cristal con alcohol y una pequeña amatista. En la base del recipiente un papel con el*

*nombre de la persona enferma o foto con su nombre completo atrás y fecha de nacimiento. Enciendes las tres velas y las dejas prendidas hasta que se consuman totalmente. Mientras realizas este ritual visualiza a la persona completamente sana.*

## *Rituales para el Mes de Agosto*

**Agosto 2024**

| Domingo | Lunes | Martes | Miércoles | Jueves | Viernes | Sábado |
|---|---|---|---|---|---|---|
| | | | | **1** | **2** | **3** |
| **4** Luna Nueva | **5** | **6** | **7** | **8** | **9** | **10** |
| **11** | **12** | **13** | **14** | **15** | **16** | **17** |
| **18** Luna Llena | **19** | **20** | **21** | **22** | **23** | **24** |
| **25** | **26** | **27** | **28** | **29** | **30** | **31** |

***Agosto 4, 2024 Luna Nueva Leo 12°33'***

***Agosto 18, 2024 Luna Llena Acuario 27°14'***

## *Mejores rituales para el dinero*

*4,5 de agosto 2024*

### *Espejo mágico para el Dinero. Luna Llena*

*Consigue un espejo de 40 a 50 cm de diámetro y píntale el marco de negro. Lavas el espejo con agua sagrada y cúbrelo con un paño negro.*

*En la primera noche de Luna Llena exponlo a los rayos de la Luna de forma que puedas ver el disco lunar completo en el espejo. Pídele a la luna que consagre este espejo para que ilumine tus deseos.*

*La próxima noche de Luna Llena dibuja con un creyón de labios el símbolo del dinero 7 veces ($$$$$$$).*

*Cierras los ojos y visualízate con toda la abundancia material que deseas. Deja los símbolos dibujados hasta la mañana siguiente.*

*Después limpias el espejo hasta que no existan rastros de la pintura que hayas empleado, utilizando agua sagrada. Guarda de nuevo tu espejo en un lugar que nadie lo toque.*

*Deberás recargar la energía del espejo tres veces al año con Lunas Llenas para poder repetir el hechizo.*

*Si haces esto en una hora planetaria que tenga que ver con la prosperidad le estarás agregando una super energía a tu intención.*

### ***Ritual para Acelerar las Ventas. Luna Nueva***

*Esta es una receta eficaz para la protección del dinero, la multiplicación de las ventas en tu negocio y la sanación energética del lugar.*

*Necesitas:*

*-1 vela verde*
*-1 moneda*
*- sal marina*
*-1 pizca de pimienta picante*

*Debes realizar este ritual un jueves o Domingo a la hora del planeta Júpiter o del Sol.*

*No debe haber más personas en el local del negocio.*

*Enciende la vela y a su alrededor, en forma de triángulo, coloca la moneda, un puñado de sal y la pizca de pimienta picante.*

*Es primordial que ubiques a la derecha la pimienta y a la izquierda el puñado de sal. La moneda debe estar en la punta superior de la pirámide.*

*Quédate durante unos minutos delante de la vela y visualiza todo lo que estas deseando referente a prosperidad.*

*Los restos puedes botarlos, la moneda la conservas en tu lugar de negocio como protección.*

***Mejores rituales para el Amor***

*Cualquier viernes, día de Venus.*

***Mejores rituales para el Amor***

*7,14, 21,28, 31 de Julio.*

## *Hechizo para Hacer que Alguien Piense en Ti*

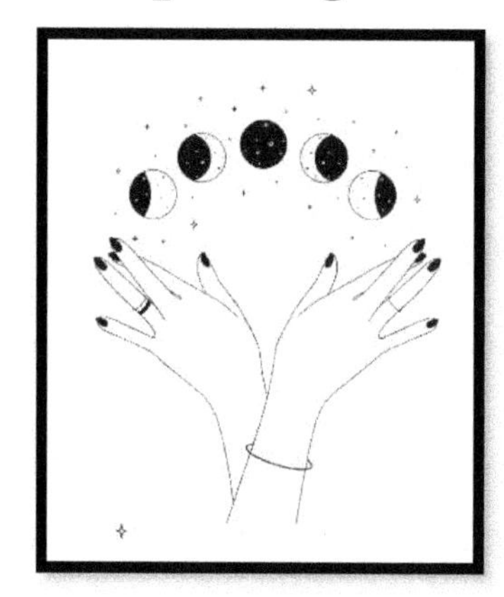

*Consigue un espejito del que utilizamos las mujeres para maquillarnos y colocas una fotografía tuya detrás del espejo.*

*Después coges una fotografía de la persona que quieres que pienses en ti y la colocas boca abajo frente al espejo (de forma que las dos fotos queden mirándose con el espejo entre ellas).*

*Envuelves el espejo con un pedazo de tela roja y lo atas con un hilo rojo de forma que queden seguros y que las fotografías no puedan moverse.*

*Esto debes colocarlo debajo de tu cama bien escondido.*

## *Hechizo para Transformarte en Imán*

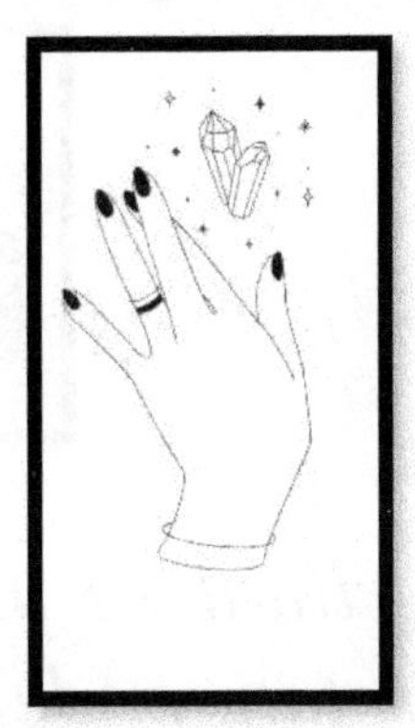

*Para tener un aura magnética y atraer las mujeres o los hombres debes confeccionar una bolsita amarilla que contenga el corazón de una paloma blanca y los ojos de una jicotea en polvo.*

*Esta bolsita debes portarla en tu bolsillo derecho si eres hombre.*

*Las mujeres usaran esta misma bolsita, pero dentro del sostenedor (brasier) en la parte izquierda.*

## *Mejores rituales para la Salud*

*23 de agosto, el Sol entra en Virgo.*

## ***Baño Ritual con Hierbas Amargas***

*Este ritual se utiliza cuando la persona ha sido hechizada tan poderosamente que su vida está en peligro.*

*Elementos Necesarios:*

- *7 Hojas de Mirto*
- *Jugo de granada*
- *Leche de cabra*
- *Sal de mar*
- *Agua sagrada*
- *Cascarilla*
- *8 Hojas de la planta rompe muralla*

*Debes echar la leche de cabra en un envase grande, le agregas el jugo de granada, agua sagrada, las plantas, la sal de mar y la cascarilla.*

*Dejas por tres horas este preparado delante de una vela blanca y después te lo echas sobre la cabeza. Debes dormir así y al otro día enjuagarte.*

## *Rituales para el Mes de Septiembre*

**Septiembre 2024**

| Domingo | Lunes | Martes | Miércoles | Jueves | Viernes | Sábado |
|---|---|---|---|---|---|---|
| 1 | 2 | 3 Luna Nueva | 4 | 5 | 6 | 7 |
| 8 | 9 | 10 | 11 | 12 | 13 | 14 |
| 15 | 16 | 17 Luna Llena | 18 | 19 | 20 | 21 |
| 22 | 23 | 24 | 25 | 26 | 27 | 28 |
| 29 | 30 | | | | | |

***Septiembre 3, 2024 Luna Nueva Virgo 11°03'***

***Septiembre 17, 2024 Luna Llena y Eclipse Parcial Piscis 25°40'***

## *Mejores rituales para el dinero*

*3,13,20 de septiembre 2024*

### *Ritual para Obtener Dinero en Tres Días.*

*Consigue cinco ramas de canela, una cáscara seca de naranja, un litro de agua de Luna Llena y una vela plateada. Hierve la canela y la cascara de naranja en el agua de Luna. Cuando se enfríe colócala en un pomo atomizador. Enciende la vela en la parte norte de la sala de tu casa y rocía todas las habitaciones con el líquido. Mientras lo haces repites en tu mente: "Guías Espirituales protejan mi hogar y permitan que yo reciba el dinero que necesito inmediatamente".*

*Cuando termines, dejas encendida la vela.*

## *Dinero con un Elefante Blanco*

*Compra un elefante blanco con la trompa hacia arriba.*

*Colócalo dirigido al interior de tu casa o negocio, nunca de frente a las puertas.*

*El primer día de cada mes, coloca un billete del valor más bajo en la trompa del elefante, doblado en dos a lo largo y repite: "Que esto se duplique por 100"; después lo vuelves a doblar a lo ancho y repite: "Que esto se me multiplique por mil".*

*Despliega el billete y déjalo en la trompa del elefante hasta el siguiente mes.*

*Repite el ritual, cambiando de billete.*

## *Ritual para Ganar la Lotería.*

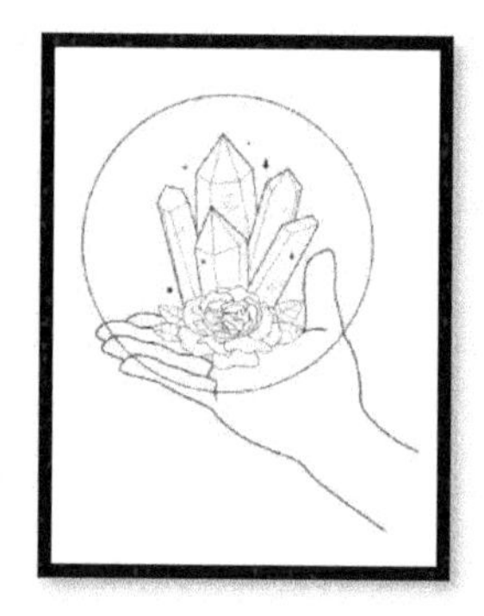

*Necesitas:*
*- 2 velas verdes*
*- 12 monedas. (representan los doce meses del año)*
*- 1 mandarina*
*- Canela en rama*
*- Pétalos de 2 rosas rojas*
*-1 frasco de cristal de boca ancha y con tapa*
*-1 billete de lotería viejo*
*- Agua de Luna Llena*

*En el frasco colocarás la mandarina, a su alrededor el billete de lotería, las monedas, los pétalos y la canela, lo cubres con el agua de Luna y lo tapas. Sobre la tapa del frasco colocas la vela y la enciendes. Al día siguiente reemplazarás la vela por una nueva y al tercer día destaparás el recipiente, botas todo excepto las monedas, que te servirán de amuleto. Guarda una en tu cartera y las otras once las dejas en tu casa. Al finalizar el año debes gastar las monedas.*

***Mejores rituales para el Amor***

*Cualquier viernes de septiembre 2024*

***Ritual para Eliminar las Discusiones***

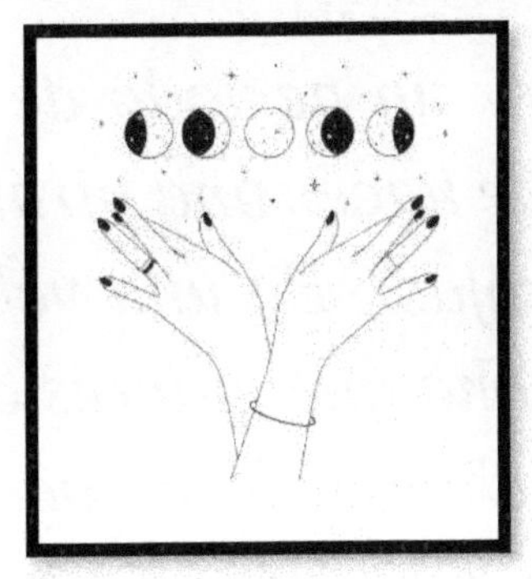

*Debes escribir en un papel los nombres completos tuyo y de tu pareja. Lo colocas debajo de una pirámide de cuarzo rosado y repites en tu mente: "Yo (tu nombre) estoy en paz y armonía con mi pareja (nombre de tu pareja), el amor nos envuelve ahora y siempre".*

*Esta pirámide con los nombres la debes mantener en la zona del amor en tu hogar. La esquina del fondo a la derecha desde la puerta de entrada es la zona de las parejas, del amor, matrimonio o relaciones.*

## *Ritual para ser Correspondido en el Amor*

*Por un periodo de cinco días y a la misma hora debes de hacer una pirámide en el suelo con pétalos de rosas rojas. En una vela verde escribes el nombre de la persona que quieres que te corresponda en el amor, la enciendes y la colocas en el centro de la pirámide, encima del pentáculo #3 de Venus.*

*Te sientas enfrente de esta pirámide y repites mentalmente: "Invoco todas las fuerzas elementales del universo para que (nombre de la persona) corresponda a mi amor". Pasado este tiempo puedes botar los restos de las velas en la basura y el pentáculo debes quemarlo.*

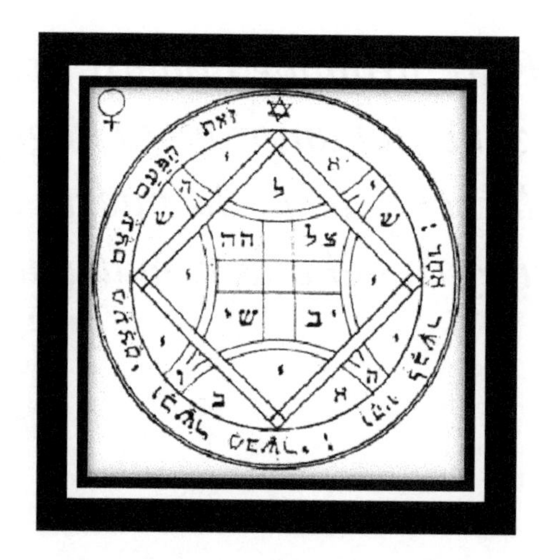

**Pentáculo # 3 Venus.**

## ***Mejores rituales para la Salud***

*Cualquier día de septiembre. Preferiblemente lunes y viernes.*

### ***Baño Curativo***

### ***Elementos necesarios:***

- *Berenjena*
- *Salvia*
- *Ruda*
- *Aguardiente*
- *Cascarilla*
- *Agua Florida*
- *Agua de Lluvia*
- *Vela Verde (si es en forma piramidal más efectiva)*

*Este baño es más efectivo si lo realizas un domingo a la hora del Sol o Júpiter. Cortas la berenjena en pedazos chiquitos y la colocas en una cazuela grande.*

*Después hierves la salvia y la ruda en el agua de lluvia. Cuelas el líquido sobre los pedazos de berenjena, añades el Aguaflorida, el aguardiente, la cascarilla y enciendes la vela. Viertes la mezcla dentro del agua para tu baño. Si no tienes bañera te lo echas arriba y te secas con el aire, es decir no utilizas la toalla.*

***Baño de Protección antes de una Operación Quirúrgica***

***Elementos necesarios:***

- *Campana Morada*
- *Agua de Coco*
- *Cascarilla*
- *Colonia 1800*
- *Siempre Viva*
- *Hojas de Menta*
- *Hojas de Ruda*
- *Hojas de Romero*

*- Vela Blanca*
*- Aceite de Lavanda*

*Este baño es más efectivo si lo realizas un jueves a la hora de la Luna o Marte.*

*Hierves todas las plantas en el agua de coco, cuando se enfríe lo cuelas y le agregas la cascarilla, colonia, el aceite de lavanda y enciendes la vela en la parte oeste de tu cuarto de baño.*

*Viertes la mezcla en el agua del baño. Sino tienes bañera te lo echas encima y no te secas.*

## *Rituales para el Mes de Octubre*

**Octubre 2024**

| Domingo | Lunes | Martes | Miércoles | Jueves | Viernes | Sábado |
|---|---|---|---|---|---|---|
| | | **1** | **2** Luna Nueva | **3** | **4** | **5** |
| **6** | **7** | **8** | **9** | **10** | **11** | **12** |
| **13** | **14** | **15** | **16** Luna Llena | **17** | **18** | **19** |
| **20** | **21** | **22** | **23** | **24** | **25** | **26** |
| **27** | **28** | **29** | **30** | **31** | | |

***Octubre 2, 2024 Eclipse Anular de Sol en Libra y Luna Nueva 10°02'***

***Octubre 16, 2024 Luna Llena Aries 24°34'***

## *Mejores rituales para el dinero*

*2, 17,31 de octubre 2024.*

### *Hechizo con Azúcar y Agua de Mar para Prosperidad.*

*Necesitas:*

- *Agua de Mar*
- *3 cucharadas de azúcar*
- *1 Copa azul de cristal*

*Llena la copa con agua de mar y el azúcar, déjala a la intemperie la primera noche de Luna Llena y la retiras del sereno a las 6:00 am.*

*Después abres las puertas de tu casa y comienzas a regar el agua azucarada desde la entrada hacia el fondo, utiliza una botella atomizador, mientras lo haces debes repetir en tu mente: "Atraigo a mi vida toda la prosperidad y la riqueza que el universo sabe que merezco, gracias, gracias, gracias".*

## *La Canela*

*Se utiliza para purificar el cuerpo. En ciertas culturas se cree que su poder consiste en ayudar a la inmortalidad. Desde el punto de vista mágico, la canela está vinculada al poder de la Luna por su tendencia femenina.*

## ***Ritual para Atraer Dinero Instantáneamente.***

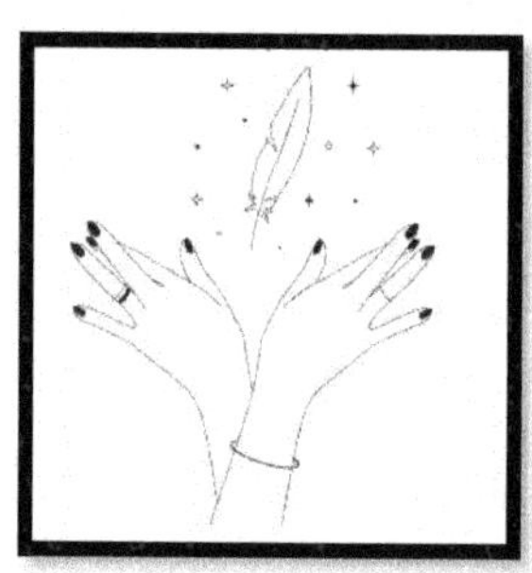

*Necesitas:*
*- 5 ramas de canela*
*- 1 cáscara seca de naranja*
*- 1 litro de agua sagrada*
*- 1 vela verde*

*Coloca la canela, la cáscara de naranja y el litro de agua a hervir, después deja la mezcla reposar hasta que se enfríe. Vierte el líquido en un rociador (aerosol).*

*Enciende la vela en la parte norte de la sala de tu casa y rocía todas las habitaciones mientras repites: "Ángel de la Abundancia invoco tu presencia en esta casa para que no falte nada y siempre tengamos más de lo que necesitamos".*

*Cuando termines da las gracias tres veces y deja encendida la vela.*

*Puedes realizarlo un domingo o jueves a las horas del planeta Venus o Júpiter.*

### *Mejores rituales para el Amor*

*Cualquier día de octubre 2024.*

### *Hechizo Para Olvidar un Antiguo Amor*

*Necesitas:*
- *3 velas amarillas en forma de pirámide*
- *Sal marina*
- *Vinagre blanco*
- *Aceite de oliva*
- *Papel amarillo*

*- 1 bolsita negra*

*Este ritual es más efectivo si lo realizas en la fase de la Luna Menguante.*

*Escribirás en el centro del papel el nombre de la persona que deseas se aleje de tu vida con el aceite de oliva.*

*Después colocas encima del mismo las velas en forma de pirámide.*

*Mientras realizas esta operación repite en tu mente: "Mi ángel de la guarda cuida mi vida, ese es mi deseo y se hará realidad".*

*Cuando las velas se consuman envolverás todos los restos en el mismo papel y lo rociarás con el vinagre.*

*Después lo colocas en la bolsita negra y lo botas en un lugar alejado de tu casa, preferiblemente que haya árboles.*

## *Hechizo para Atraer tu Alma Gemela*

*Necesitas:*
*- Hojas de romero*
*- Hojas de perejil*
*- Hojas de albahaca*
*- Recipiente de metal*
*- 1 vela roja en forma de corazón*
*- Aceite esencial de canela*
*- 1 corazón dibujado en un papel rojo*
*- Alcohol*
*- Aceite de lavanda*

*Debes consagrar primero la vela con el aceite de canela, después la enciendes y la colocas al lado de la recipiente de metal. Mezclas en la recipiente todas las plantas. Escribes en el corazón de papel todas las características de la persona que deseas en tu vida, escribes los detalles. Échale cinco gotas del aceite de lavanda al papel y colócalo dentro de la recipiente. Rocíalo con el alcohol y préndele fuego. Todos los restos debes de esparcirlos a la orilla del mar, mientras lo haces concéntrate y pides que esa persona llegue a tu vida.*

## ***Ritual para atraer el Amor***

*Necesitas*

*- Aceite de rosas*
*- 1 cuarzo rosado*
*- 1 manzana*
*- 1 rosa roja en un búcaro chiquito*
*- 1 rosa blanca en un búcaro chiquito*
*- 1 cinta roja larga*
*- 1 vela roja*

*Para mayor efectividad este ritual debe ser realizado un viernes o domingo a la hora del planeta Venus o Júpiter.*

*Debes consagrar la vela antes de empezar el ritual con aceite de rosas. Enciendes la vela. Cortas la manzana en dos pedazos y colocas uno en el búcaro de la rosa roja y otro en el de la rosa blanca. Enlaza con la cinta roja los dos búcaros. Los dejas toda la noche junto a la vela hasta que esta se consuma. Mientras realizas esta operación repite en tu mente: "Que la persona que está destinada a hacerme feliz aparezca en mi camino, la recibo y la acepto". Cuando las rosas se sequen, junto con las mitades de las manzanas las entierras en tu patio o en una maceta con el cuarzo rosado.*

### ***Mejores rituales para el Salud***

*Todos los domingos de octubre 2024*

### ***Ritual para Aumentar la Vitalidad***

*Sumergir en un cubo de agua una pirámide de aluminio durante 24 horas. Al día siguiente después de tu baño regular, enjuágate con esta agua. Este ritual lo puedes realizar una vez por semana.*

## *Rituales para el Mes de Noviembre*

**Noviembre 2024**

| Domingo | Lunes | Martes | Miércoles | Jueves | Viernes | Sábado |
|---|---|---|---|---|---|---|
| | | | | | **1** Luna Nueva | **2** |
| **3** | **4** | **5** | **6** | **7** | **8** | **9** |
| **10** | **11** | **12** | **13** | **14** | **15** Luna Llena | **16** |
| **17** | **18** | **19** | **20** | **21** | **22** | **23** |
| **24** | **25** | **26** | **27** | **28** | **29** | **30** Luna Nueva |

***Noviembre 1, 2024 Luna Nueva Escorpión 9°34'***

***Noviembre 15, 2024 Luna Llena Tauro 24°00'***

***Noviembre 30, 2024 Luna Nueva Sagitario 9°32'***

## *Mejores rituales para el dinero*

*1,15,30 de noviembre 2024*

### *Confecciona tu Piedra para Ganar Dinero*

*Necesitas:*

*- Tierra*

*- Agua Sagrada*

*- 7 monedas de cualquier denominación*

*- 7 piedras piritas*

*- 1 vela verde*

*- 1 cucharadita de canela*

*- 1 cucharadita de sal de mar*

*- 1 cucharadita de azúcar morena*

*- 1 cucharadita de arroz*

*Debes realizar este ritual bajo la luz de la Luna llena, es decir al aire libre.*

*Dentro de un recipiente echas el agua con la tierra de forma que se convierta en una masa espesa. Agrégale a la mezcla las cucharaditas de sal, azúcar, arroz y canela, y colocas en diferentes lugares, en medio de la masa, las 7 monedas y las 7 piritas. Mezcla de forma uniforme esta mezcla, allánala con una cuchara. Deja el recipiente bajo la luz de la Luna Llena toda la noche, y parte del siguiente día al Sol para que se seque. Una vez seca, llévala adentro de tu casa y colócale encima la vela verde encendida. No limpies esta piedra de los restos de cera. Ubícala en tu cocina, lo más cercana a una ventana.*

***Mejores rituales para el Amor***

*Todos los viernes y Lunes de Noviembre.*

## ***Espejo Mágico del Amor***

*Consigue un espejo de 40 a 50 cm de diámetro y píntale el marco de negro. Lavas el espejo con agua sagrada y cúbrelo con un paño negro. En la primera noche de Luna Llena lo dejas expuesto a sus rayos de forma que puedas ver el disco lunar completo en el espejo.*

*Pídele a la Luna que consagre este espejo para que ilumine tus deseos.*

*La próxima noche de Luna Llena escribes con un creyón de labios todo lo que deseas referente al amor. Especifica como quieres que sea tu pareja en todos los sentidos. Cierras los ojos y visualízate feliz y con ella. Dejas las palabras escritas hasta la mañana siguiente.*

*Después limpias el espejo hasta que no existan rastros de la pintura que hayas empleado, utilizando agua sagrada. Guardas de nuevo tu espejo en un lugar que nadie lo toque.*

*Deberás recargar el espejo tres veces al año con la energía de las Lunas Llenas para poder repetir este hechizo. Si haces esto en una hora planetaria que tenga que ver con el amor le estarás agregando un super poder a tu intención.*

## *Hechizo para Aumentar la Pasión*

*Necesitas:*
*- 1 hoja de papel verde*
*- 1 manzana verde*
*- Hilo rojo*
*- 1 cuchillo*

*Este ritual tiene que ser realizado un viernes a la hora del planeta Venus.*

*Escribes en la hoja de papel verde el nombre de tu pareja y el tuyo, y dibujas un corazón a su alrededor.*

*Cortas la manzana a la mitad con el cuchillo y colocas el papel entre ambas mitades.*

*Después amarras las mitades con el hilo rojo y haces 5 nudos.*

*Le vas a dar un mordisco a la manzana y tragar ese pedazo.*

*A medianoche vas a enterrar los restos de la manzana lo más cerca posible de la casa de tu pareja, si viven juntos la entierras en tu jardín.*

***Mejores rituales para la Salud***

*Todos los jueves de noviembre 2024*

***Ritual para Eliminar un dolor***

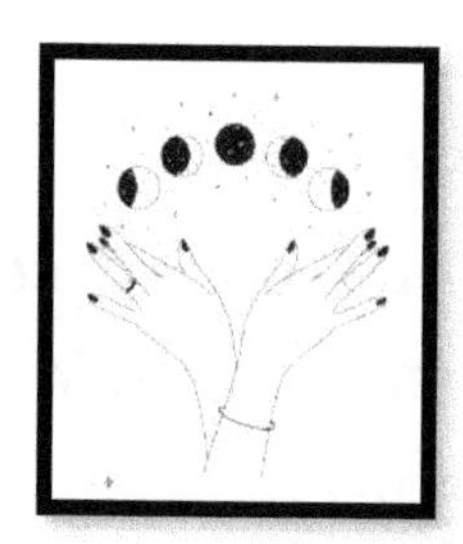

*Debes acostarte boca arriba con la cabeza hacia el Norte y colocar una pirámide de color amarillo en el*

*bajo vientre por 10 minutos, así las dolencias desaparecerán.*

## ***Ritual para Relajarse***

*Debes coger una pirámide de color violeta en las manos y luego acostarte boca arriba con los ojos cerrados, mantén tu mente en blanco y respira suavemente. En ese momento sentirás que tus brazos, piernas y tórax se adormecen.*

*Después los sentirás más pesados, esto significa que estás totalmente relajado, este ritual genera paz y armonía.*

## *Ritual para Tener una Vejez Saludable*

*Debes coger un huevo grande y pintarlo de dorado.*

*Cuando se seque la pintura lo colocas dentro de un círculo que harás con 7 velas (1 de color rojo, 1 de color amarillo, 1 de color verde, 1 de color rosa, 1 de color azul, 1 de color de morado, 1 de color blanco). Te sientas enfrente del círculo con la cabeza cubierta por un pañuelo blanco y enciendes las velas en sentido de las manecillas del reloj. Repites las siguientes afirmaciones mientras las enciendes:*

*Me estoy convirtiendo en la mejor versión de mí mismo.*
*Mis posibilidades son infinitas.*
*Tengo la libertad y el poder de crear la vida que deseo.*
*Elijo ser amable conmigo mismo y amarme incondicionalmente.*
*Hago lo que puedo, y eso es suficiente.*
*Cada día es una oportunidad para empezar de nuevo.*

*Dondequiera que esté en mi viaje es donde debo estar.*

*Deja que las velas se consuman.*

*Después enterrarás el huevo adentro de una maceta de barro y lo rellenarás con arena de playa, lo dejarás expuesto a la luz del Sol y la Luna por tres días y tres noches consecutivas.*

*Esta maceta la tendrás por tres años dentro de tu casa, al cabo de ese tiempo desentierras el huevo, rompes la cáscara y lo que te encuentres adentro lo dejarás en tu casa como amuleto protector.*

## *Hechizo para Curar Enfermos de Gravedad*

*Debes colocar en un recipiente de metal el diagnóstico del doctor y una foto actual de la persona. A los lados de este colocas dos velas verdes y las enciendes.*

*Quema el contenido del recipiente y mientras se quema añade los cabellos de la persona.*

*Cuando solo haya cenizas colócalas en un sobre verde, el enfermo debe dormir con este sobre debajo de su almohada por 17 días.*

# *Rituales para el Mes de Diciembre*

**Diciembre 2024**

| Domingo | Lunes | Martes | Miércoles | Jueves | Viernes | Sábado |
|---|---|---|---|---|---|---|
| **1** | **2** | **3** | **4** | **5** | **6** | **7** |
| **8** | **9** | **10** | **11** | **12** | **13** | **14** Luna Llena |
| **15** | **16** | **17** | **18** | **19** | **20** | **21** |
| **22** | **23** | **24** | **25** | **26** | **27** | **28** |
| **29** | **30** Luna Nueva | **31** | | | | |

***Diciembre 15, 2024 Luna Llena Géminis 23°52'***

***Diciembre 30, 2024 Luna Nueva Capricornio 9°43'***

## ***Mejores rituales para el dinero***

*14,20,30, de diciembre 2024*

### ***Ritual Hindú para Atraer Dinero.***

*Los días perfectos para este ritual son el jueves o domingo, a la hora del planeta Venus, Júpiter o el Sol.*
*Necesitas:*
- *Aceite esencial de ruda o albahaca*
- *1 moneda dorada*
- *1 monedero o carterita nueva*
- *1 espiga de trigo*
- *5 piritas*

*Debes consagrar la moneda dorada untándole el aceite de albahaca o ruda y dedicándosela a Júpiter. Mientras la estás ungiendo repite mentalmente:*

*"Quiero que satures con tu energía esta moneda para que llegue la abundancia económica a mi vida".*

*Después le pones aceite a la espiga de trigo y se la ofreces a Júpiter pidiéndole que no falte la comida en tu hogar. Coges la moneda junto con las cinco piritas y la colocas en la carterita nueva, la misma debes enterrarla en la parte izquierda delantera de tu casa. La espiga la mantendrás en la cocina de tu casa.*

## ***Dinero y Abundancia para todos los Miembros de la Familia.***

*Necesitas:*
*- 4 recipientes de barro*
*- 4 pentáculos #7 de Júpiter (puedes imprimirlos)*

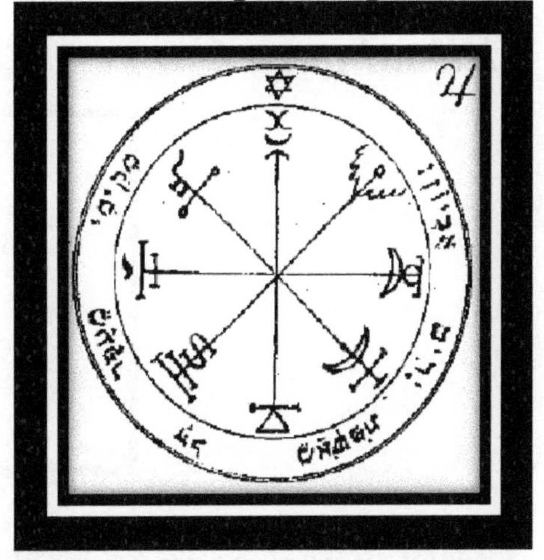

***Pentáculo #7 de Júpiter.***

*- Miel*
*- 4 citrinas*

*Un viernes a la hora del planeta Júpiter escribes los nombres de todas las personas que viven en tu hogar en la parte de atrás del séptimo pentáculo de Júpiter.*

*Después colocas cada papelito en las recipientes de barro junto con las citrinas y le echas miel. Colocas las vasijas en los cuatro puntos cardinales de tu hogar. Déjalas ahí por un mes. Al cabo de este tiempo botas la miel y los pentáculos, pero conservas las citrinas en la sala de tu casa.*

### *Mejores rituales por días para el Amor*

*Viernes y domingo diciembre 2024*

### *Ritual para Convertir una Amistad en Amor*

*Este ritual es más poderoso si lo realizas un martes a la hora de Venus.*

*Necesitas:*

*- 1 Foto de la persona que amas de cuerpo entero*
*- 1 espejo chiquito*
*- 7 cabellos tuyos*
*- 7 gotas de tu sangre*
*- 1 vela roja en forma de pirámide*
*- 1 bolsita dorada*

*Derramas sobre el espejo las gotas de tu sangre, colocas los cabellos arriba y esperas a que se seque. Pones la fotografía arriba del espejo (cuando la sangre esté seca).*

*Enciendes la vela y la sitúas a la derecha del espejo, te concentras y repites:*

*"Estamos unidos para siempre por el poder de mi sangre y el poder de (nombre de la persona que amas) el amor que siento por ti. La amistad termina, pero comienza el amor eterno".*

*Cuando la vela se consuma debes colocarlo todo dentro de la bolsa dorada y botarlo en el mar.*

## *Hechizo Germánico de Amor*

*Este hechizo es más efectivo si lo realizas en la fase de Luna Llena a las 11:59 pm de la noche.*

*Necesitas:*
- *1 fotografía de la persona que amas*
- *1 fotografía tuya*
- *1 Corazón de paloma blanca*
- *13 pétalos de girasol*
- *3 alfileres*
- *1 vela rosada*
- *1 vela azul*
- *1 aguja de coser nueva*
- *Azúcar morena*
- *Canela en polvo*
- *1 tabla*

*Colocas las fotografías encima de la tabla, arriba le pones el corazón y le clavas los tres alfileres. Las rodeas con los pétalos de girasol y colocas la vela rosada a la izquierda y la vela azul a la derecha y las enciendes en ese mismo orden.*

*Te pinchas tu dedo índice de la mano izquierda y dejas caer tres gotas de sangre encima del corazón. Mientras está cayendo la sangre repites tres veces: "Por el poder de la sangre tú (nombre de la persona) me perteneces".*

*Cuando las velas se consuman entierras todo y antes de cerrar el hoyo le pones canela en polvo y azúcar morena.*

***Hechizo de la Venganza***

*Necesitas:*
- *1 piedra de rio*
- *Pimienta roja*
- *Fotografía de la persona que te robó tu amor*
- *1 maceta*
- *Tierra de cementerio*
- *1 vela negra*

*Debes escribir por detrás de la foto el siguiente conjuro: "Por el poder de la venganza te prometo que me pagarás y no volverás a hacer daño a nadie, quedas cancelado*

*(nombre de la persona)".*

*Después colocas la foto de la persona en el fondo de la maceta y le pones la piedra encima, le echas la tierra de cementerio y la pimienta roja, en este orden.*

*Enciendes la vela negra y repites el mismo conjuro que escribiste detrás de la foto. Cuando la vela se consuma bótala en la basura y la maceta la dejas en un lugar que sea un monte.*

### *Mejores rituales para la Salud*

*Cualquier jueves de diciembre 2024*

### *Parrilla Cristalina para la Salud*

*El primer paso es decidir qué objetivo buscas que se manifieste. Escribirás en un pedazo de papel tus deseos en referencia a tu salud, siempre en presente, no deben contener la palabra* ***NO.*** *Un ejemplo sería "Tengo una salud perfecta"*

***Elementos Necesarios.***

*- 1 Cuarzo amatista grande (el foco)*

*- 4 Larimar*
*- 4 cuarzos cornalina chiquitos*
*- 6 cuarzos ojo de tigre*
*- 4 citrinas*
*- 1 Figura geométrica de la Flor de la vida*
*- 1 Punta de cuarzo blanco activar la rejilla*

***Flor de la Vida.***

*Estos cuarzos debes limpiarlos antes del ritual para purificar tus piedras de las energías que pudieran haber absorbido antes de llegar a tus manos, la sal marina es la mejor opción. Déjalas con sal marina durante toda la noche. Al sacarlos puedes también encender un palo santo y ahumarlos para potenciar el proceso de purificación.*

*Los patrones geométricos nos ayudan a visualizar mejor como las energías se conectan entre los nodos; los nodos son los puntos decisivos en la geometría, son las posiciones estratégicas donde colocarás los cristales, de manera que sus energías interactúen entre si creando corrientes energéticas de altas vibraciones, (como si fuera un circuito) las cuales podemos desviar hacia nuestra intención.*

*Vas a buscar un lugar tranquilo ya que cuando trabajamos con tramas cristalinas estamos trabajando con energías universales.*

*Vas a tomar una por una las piedras y las vas a colocar en tu mano izquierda, la cual tendrás en forma de cuenco, la tapas con la derecha y en voz alta repite los nombres de los símbolos de reiki: Cho Ku Rei, Sei He Ki, Hon Sha Ze Sho Nen y Dai Ko Mio, tres veces consecutivas cada uno.*

*Esto lo harás para darle energía a tus piedras.*

*Doblas tu papelito y lo colocas en el centro de la red. Le ubicas el cuarzo amatista grande arriba, esta piedra del centro es el foco, las otras las sitúas como está en el *ejemplo.*

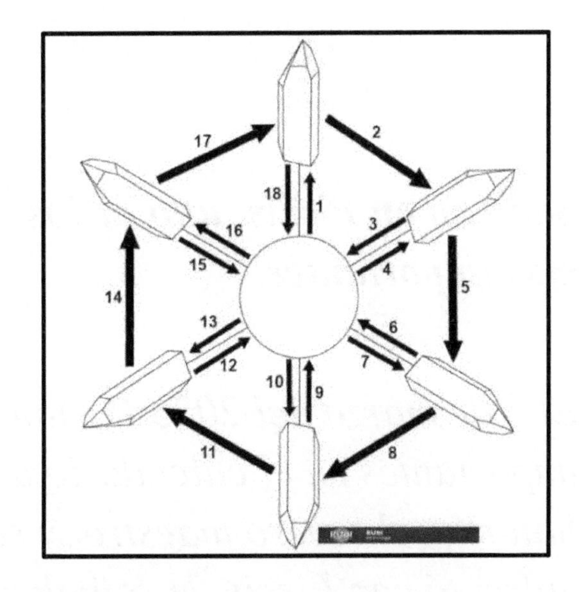


*Las vas a conectar con la punta de cuarzo, empezando por el foco en forma circular a favor de las manecillas del reloj.*

*Cuando hayas configurado la parrilla déjala en un área donde nadie la pueda tocar. Cada varios días debes volverla a conectar, es decir activarla con la punta de cuarzo, visualizando en tu mente lo que escribiste en el papel.*

***Saturno en Piscis, uno de los eventos astrológicos más importantes.***

*El 7 de marzo del 2023 fue uno de los días más importantes en el calendario astrológico de ese año. Saturno, el severo maestro, y señor del karma, se enfrentó con Piscis, el soñador. Este tránsito de Saturno en Piscis, que durará hasta febrero del 2026, no ha sido una mezcla bien recibida.*

*Saturno es un planeta de responsabilidad y autoridad estricta, que nos disciplina y estructura mientras transita a través del zodíaco. Saturno quiere cerciorarse de cómo estamos alcanzando nuestros objetivos, y cuando este planeta se mueve por Piscis, el signo más espiritual, algunas propuestas importantes se dirigen hacia nosotros. Plutón y Saturno, cambiando tan al unísono, traerán un volcán energético gigantesco, y garantizado que será un período inolvidable. Esto puede resonar como una fórmula para la batalla, pero este combo energético, en realidad, puede ser eficaz y provechoso.*

*Saturno no está satisfecho en Piscis. Es difícil para él fundar estructuras y construir la realidad cuando todo es movedizo. Piscis es un signo dual, por eso puede expresarse de formas opuestas; puede ser lo mismo trascendental, como práctico. Existe la posibilidad de que Saturno en Piscis indique la construcción de formas encima o debajo del agua, o para dominar el agua, como conductos, acueductos y puertos. Pero también puede revelar el derrumbe de estas estructuras debido a huracanes o fragilidad estructural.*

*El arquetipo de Piscis es contradictorio con Saturno. Representa la utopía, la creatividad, espiritualidad y el esoterismo, así como los sueños, las ilusiones, las mentiras y el escapismo. Simboliza la aspiración de fluir como el mar, deshaciendo las fronteras y las restricciones.*

*El último tránsito de Saturno en Piscis fue de mayo del año 1993 a abril del 1996, esta etapa vio los resultados del colapso de la Unión Soviética en 1989 que causó secuelas en todo el mundo y aplastó la economía rusa. Rusia emprendió la primera guerra Chechena en el año 1994 que se extendió hasta 1996. El Juzgado Penal Internacional para la ex Yugoslavia fue establecido en La Haya en mayo del año 1993 para procesar los crímenes de guerra realizados durante las beligerancias yugoslavas a principios de los años 1990. Por otro lado, la guerra de Bosnia, entre croatas, bosnios y serbios se extendió con crueldades y expurgación étnica, y variadas ejecuciones. La guerra concluyó en el año 1995, y la mayoría de los comandantes serbobosnios fueron culpados de genocidio y crímenes contra la humanidad. En 1994 el genocidio de Ruanda empezó cuando las bandas hutus asesinaron a más de 700, 000 tutsis, y fueron violadas una cantidad incalculable de mujeres durante la masacre, que definitivamente terminó en julio. La crisis del desarme de Irak, después que término la primera Guerra del Golfo, estaba en su apogeo con mucho ruido y ninguna confianza entre los implicados. Una secta en Suiza denominada la "Orden del Templo Solar", realizó una cadena de crímenes y suicidios masivos, y aquí en los Estados Unidos, Timothy McVeigh asesinó a 168 personas en el atentado de la ciudad de Oklahoma. Durante ese tránsito de Saturno por Piscis, fue cuando O.J Simpson fue detenido por el asesinato de su exesposa y el novio, y liberado después de un extenso juicio que fue todo un espectáculo al estilo de Hollywood. En Londres, Fred West y su esposa Rose fueron encarcelados después de las extracciones en el patio de su casa de los cuerpos de múltiples víctimas de asesinato. Sudáfrica tuvo sus primeros escrutinios multirraciales, y Nelson Mandela fue elegido presidente, aboliendo más tarde la pena de muerte en ese país. Rusia y China firmaron un acuerdo para parar de provocarse recíprocamente con sus artefactos nucleares, y el Tratado de "No Proliferación Nuclear" fue amplificado interminablemente por 170 países. En Australia se pactó indemnizar a los indígenas que fueron desalojados durante los ensayos nucleares en los años 1950 y 1960.*

*Otros eventos durante el tránsito de Saturno en Piscis comprenden corrientes religiosas, movimientos ideológicos como el socialismo y el izquierdismo, la transmisión de enfermedades y contagios, las conductas destructivas inducidas por el pánico, un incremento en el uso de drogas y desarrollo de todo tipo de arte, así como los medios de transporte marítimos.*

*Saturno en Piscis, va a procurar que no podamos utilizar la espiritualidad o el miedo para esquivar determinados conflictos que debemos enfrentar. Podemos meditar, ir a pasar cien años en el Tíbet, y utilizar los mantras más poderosos del universo, pero en algún momento, también debemos actuar.*

*Durante los últimos años que Saturno ha transitado por Acuario, ha existido la necesidad de concentrarse en la individualidad y ser más genuinos, en lugar de tolerar la coacción de los que nos rodean. Aunque Acuario es un signo conocido por bailar a su propio ritmo, como Saturno se trata de limitaciones, nos ha empujado a sentarnos solos con nosotros mismos (recuerda las restricciones durante la pandemia), y mirar dónde podemos situarnos para crear límites saludables.*

*Todas esas lecciones nos prepararon para lo que se avecina con Saturno en Piscis. Comenzaremos a ser más sensatos sobre cómo añadir la espiritualidad en nuestra vida diaria, mientras conservamos un entendimiento de como estructurarnos. Muchas personas abandonarán o cuestionarán las religiones o dogmas.*

*Por supuesto que hay muchos que no saborearán este período, entre ellos están los guías religiosos y los que promueven las teorías conspirativas. Veremos conflictos entre individuos de religiones disímiles, y muchas tendencias a tratar de dominar lo que los demás opten por creer. Necesitamos aceptar que solo porque otros no estén de acuerdo con nuestras creencias, no significa que estén equivocados. Sencillamente indica que sus puntos de vista son diferentes, porque al final del día, Piscis defiende la inclusión. Algo que carecemos.*

*Como Piscis y Neptuno rigen los negocios del entretenimiento, grandes estudios y compañías discográficas cerrarán, y muchos artistas que han estado conectados a esos estudios decidirán crear el propio. Si eres un artista, te interesará utilizar tu trabajo de forma beneficiosa, en vez de dejar que las grandes compañías en la cúpula disfruten los dividendos.*

*Disminuirá el interés hacia los efectos especiales y una orientación mayor hacia las películas autónomas, y los temas que reflejen lo cotidiano. Apreciaremos la belleza a nuestro alrededor, y estaremos menos motivados por el glamour.*

*El karma muchas veces tendemos a verlo como algo maléfico, pero recoger lo que siembras no es malo, siempre y cuando te hayas portado bien. Trabajar con nuestro bagaje kármico y subconsciente, entender el pasado y estar listo para dejar ir, es decisivo para desenvolverse en este tránsito y salir de él con éxito. Si esquivas esto, Saturno te sancionará, pero si lo abrazas, llegarás a un lugar que está predestinado a algo grandioso.*

*La ubicación de Saturno en nuestra carta natal indica dónde estamos obligados a obtener control de la realidad y asumir una mayor responsabilidad. Piscis es el último signo del zodíaco, por lo que el movimiento de Saturno aquí también indica un final o un punto de finalización para un ciclo mucho mayor.*

*Piscis es un signo de agua que representa la luz, la oscuridad y los mundos invisibles. Es conocido por sus ideas abstractas, y creatividad. Piscis es mutable, lo que significa que es adaptable, y abierto a las energías del mundo que la rodea. Saturno es una energía muy sólida. Rige sobre la ley, las responsabilidades y las restricciones, y su energía a veces puede sentirse como una llamada de atención, devolviéndonos a la realidad y haciéndonos enfrentar las consecuencias de nuestras acciones.*

*La presencia de Saturno en Piscis podría sentirse un poco pesada debido a todo esto, ya que la energía pisciana normalmente acuosa, intuitiva y sensible se verá obligada a volverse un poco más reservada.*

*Para entenderlo mejor puedes pensarlo de esta forma: si Piscis es agua que fluye suavemente, la presencia de Saturno va a construir diques, y estas retenciones pueden dirigir el agua en una dirección productiva y beneficiosa, pero también puede sentirse más opresora o controladora. Sin embargo, hay una manera de crear un equilibrio entre estas dos energías, ya que las ideas creativas, intangibles y externas de la energía pisciana pueden obtener algunas raíces gracias a Saturno.*

*Saturno tiene una energía práctica, así que, si combinamos esto con la creatividad de Piscis, hay un equilibrio que se puede lograr para ayudarnos a tomar nuestras ideas creativas y darles vida o incluso convertirlas en un negocio.*

*Piscis también está conectado con la religión y la espiritualidad, por lo que con Saturno podría haber muchas preguntas en torno a la religión y la espiritualidad y cómo está conectado con las reglas que gobiernan la sociedad, la industria espiritual también puede recibir una llamada de atención bajo esta energía, o a nivel personal tus propias actitudes y creencias sobre tu conexión espiritual o religiosa cambiarán.*

*Realmente Saturno lo que quiere es que demos un paso adelante y asumamos la responsabilidad de nuestras vidas y que actuemos de acuerdo con nuestro auténtico yo. Saturno puede imponer límites y restricciones que nos hacen sentir atrapados o sofocados, pero esto es solo para que podamos tomarnos el tiempo para descubrir lo que realmente queremos y lo que realmente estamos dispuestos a defender.*

*A continuación, puedes leer una síntesis de lo que el tránsito de Saturno en Piscis traerá para cada signo zodiacal. Si deseas obtener más provecho de toda esta información, te recomiendo que leas el de tu Signo Ascendente, si lo conoces y luego mezcles las interpretaciones.*

*Otra forma de obtener más información acerca de este transito planetario tan poderoso es que pienses en los temas que se desarrollaron en tu vida la última vez que Saturno estuvo en Piscis, que fue de año 1994 al 1996, para que obtengas información adicional sobre lo que este ciclo te puede traer.*

## *¿Como afectará al Signo Escorpión?*

*Saturno en Piscis está infundiendo su energía en tu chacra del corazón, guiándote a remodelar tus ideas sobre el amor y lo que el amor significa para ti. Bajo esta energía, te vas a mover a través de un despertar profundo y muy personal del corazón, que te permitirá conectarte con el amor de una nueva forma.*

*Puedes conocer a una persona que desencadenará este cambio en ti. Esta persona podría ser todo lo que tu corazón ha anhelado y deseado, o podría ser todo lo que pensabas que querías, pero ahora te estás dando cuenta de que quieres algo diferente.*

*Al final de este tránsito, vas a salir del otro lado más claro y seguro de lo que quieres cuando se trata de tus relaciones y el dar y recibir amor en tu vida.*

*Puedes encontrar tu corazón más abierto al amor y en un lugar para recibirlo con los brazos abiertos, o puedes encontrarte finalmente conectado con el tipo de amor que se siente bien para ti.*

*Si bien este viaje amoroso puede estar vinculado a una relación romántica, también puede conectarse con los niños, y el amor que sientes cuando trabajas en tus pasiones creativas.*

*Piscis es una energía muy creativa, y con Saturno aquí, esta energía creativa está obteniendo una fuerte presencia para que pueda ser infundida mejor en nuestra realidad. Estás en una posición privilegiada para recibir esta energía y trabajar con ella en tu vida. Entonces, si tienes un proyecto creativo o apasionante que te gustaría hacer, Saturno en Piscis te ayudará a construirlo, manifestarlo y darle vida. Esta es una energía fantástica para crear un negocio creativo o incluso espiritual. O, si alguna vez ha querido trabajar como consejero de relaciones, esta energía te ofrece un apoyo fantástico.*

*Trabajar en tu corazón puede ser un desafío, el amor es un tema profundamente personal para muchos de nosotros. El amor está en la raíz de todo, así que no importa lo que se desarrolle para ti en los próximos años, es probable que el amor se esconda en las raíces en alguna parte.*

*Esto podría ser una necesidad de amarte más a ti mismo o de abrir los brazos para recibir el amor que te rodea. También podría ser una reelaboración completa de lo que pensabas que era el amor, pero ahora te estás dando cuenta de que son solo tus dolores o traumas los que hablan.*

*El amor puede ser algo difícil de navegar, por lo que Saturno en Piscis puede tirar de tus fibras del corazón e incluso hacer que las cosas sean confusas. Puedes sentirte retenido cuando se trata de saber cómo expresarte y dar tu amor a los demás, y también puedes sentirte un poco no amado en este proceso. Pero Saturno siempre tiene un plan.*

*Aunque es fácil de decir, confía en las lecciones que se están desarrollando y presta especial atención a los que entran en tu vida durante esta ventana de tiempo, especialmente si son conexiones románticas. Es muy probable que sean maestros para ti que han sido enviados para ayudarte a abrir tu corazón. Saturno funciona de maneras misteriosas a veces, pero quiere que nos demos cuenta por nosotros mismos de lo que queremos y deseamos de la vida.*

*Quiere que nos demos cuenta por lo que vale la pena luchar y de lo que deseamos asumir la propiedad y la responsabilidad. Saturno puede traer algunas lecciones duras, casi como una llamada de atención donde nos damos cuenta de que no podemos continuar.*

*Saturno tiene que ver con el amor duro. Pero, a medida que nos movemos a través de su energía y nos sentimos más cómodos con lo que se desarrolla, podemos comenzar a recibir los dones kármicos.*

*Con Saturno en Piscis, tu don kármico es el mejor que existe: conocer el amor, saber cómo se siente el amor profundo y sentir un amor inquebrantable por ti mismo.*

*El amor propio también es una gran parte de este tránsito, y es un gran recordatorio al que volver. Lo que sea que suceda, cualquier lucha por la que te estés moviendo, pregúntate: ¿cómo puedo amarme más? ¿Cómo puedo mostrarme amor propio a través de este viaje?*

*Un corazón despierto a veces necesita romperse, pero esto es realmente solo una apertura. Con un corazón abierto, puedes expandirlo a nuevas dimensiones, puedes aprender cosas nuevas sobre ti mismo y puedes conectarte con el amor que realmente eres.*

*El amor espiritual también es parte de esta ecuación. Todos somos amor, y volvemos al amor, esa es una verdad espiritual que es fácil de decir y muy difícil de sentir. Reconocer este amor dentro de ti será una herramienta valiosa en este viaje.*

*El amor propio es un viaje constante, y a veces es fácil amarnos a nosotros mismos, y otras veces no tanto. Durante estos próximos años, vas a ser desafiado cuando se trata de lo que quieres de tus relaciones, pero vas a salir del otro lado más claro y alineado con quién eres y el amor que mereces dar y recibir.*

*Esta energía también es altamente creativa, así que siéntete libre de canalizarla en tus pasatiempos y pasiones creativas también. Trae tu amor al mundo a través de tus obras de arte, porque esa es también una forma poderosa de trabajar con esta energía.*

*Saturno en Piscis también te recordará que seas práctico, especialmente cuando se trata de asuntos del corazón. Hacer una lista, organizarse y adoptar un enfoque práctico será favorecido aquí.*

*Como signo de agua estás muy conectado con tus emociones, pero Saturno en Piscis te pedirá que enfoques tu energía un poco más, y que adoptes un enfoque más práctico y lógico. A veces la respuesta simple, es la mejor respuesta. A veces podemos ver las cosas en blanco y negro, eso es lo que esta energía de Saturno en Piscis nos guía a hacer.*

*Al mirar las cosas desde un lente más práctico y lógico, puedes sentirte más guiado y dirigido bajo esta energía. Cuando no estés seguro de qué hacer, dar pequeños pasos te puede ayudar.*

*Saturno es muy metódico en su enfoque, por lo que, al dividir las cosas en pasos pequeños y manejables, progresarás mucho más que tratar de dar saltos gigantescos o sentir lo que puede estar por venir.*

*Simplemente haz lo que puedas con la información que tienes ante ti. Da pequeños pasos hacia adelante y, eventualmente, estarás en el camino.*

*Saturno en Piscis puede ser un poco pesado, pero qué regalo tan increíble te ofrece. Ofrece apertura del corazón y te acercará al amor que eres. El amor significará algo diferente para ti después de que Saturno haya completado su trabajo. El amor se sentirá más real, y más accesible.*

# *Bibliografía*

*Algunas informaciones fueron extraídas de los libros publicados por las autoras: Amor para todos los Corazones, Dinero para todos los Bolsillos y Horóscopo 2022 y 2024.*

*Artículos escritos en el Nuevo Herald por una de las escritoras.*

## *Acerca de los Autoras*

*Además de sus conocimientos astrológicos, Alina Rubi tiene una educación profesional abundante; posee certificaciones en Sicología, Hipnosis, Reiki, Sanación Bioenergética con Cristales, Sanación Angelical, Interpretación de Sueños y es Instructora Espiritual. Rubi posee conocimientos de Gemología, los cuales usa para programar las piedras o minerales y convertirlos en poderosos Amuletos o Talismanes de protección.*

*Rubi posee un carácter práctico y orientado a los resultados, lo cual le ha permitido tener una visión especial e integradora de varios mundos, facilitándole las soluciones a problemas específicos. Alina escribe los Horóscopos Mensuales para la página de internet de la American Asociation of Astrologers, Ud. puede leerlos en el sitio www.astrologers.com. En este momento escribe semanalmente una columna en el diario El Nuevo Herald sobre temas espirituales, publicada todos los domingos en forma digital y los lunes en el impreso. También tiene un programa y el*

*Horóscopo semanal en el canal de YouTube de este periódico. Su Anuario Astrológico se publica todos los años en el periódico "Diario las Américas", bajo la columna Rubi Astrologa.*

*Rubi ha escrito varios artículos sobre astrología para la publicación mensual "Today's Astrologer", ha impartido clases de Astrología, Tarot, Lectura de las manos, Sanación con Cristales, y Esoterismo. Tiene videos semanales sobre temas esotéricos en su canal de YouTube: Rubi Astrologa. Tuvo su propio programa de Astrología trasmitido diariamente a través de Flamingo T.V., ha sido entrevistada por varios programas de T.V. y radio, y todos los años se publica su "Anuario Astrológico" con el horóscopo signo por signo, y otros temas místicos interesantes.*

*Es la autora de los libros "Arroz y Frijoles para el Alma" Parte I, II, y III, una compilación de artículos esotéricos, publicada en los idiomas inglés, español, francés, italiano y portugués. "Dinero para Todos los Bolsillos", "Amor para todos los Corazones", "Salud para Todos los Cuerpos, Anuario Astrológico 2021, Horóscopo 2022, Rituales y Hechizos para el Éxito en el 2022, Hechizos y Secretos, Clases de Astrología, Rituales y Amuletos 2024 y Horóscopo Chino 2024 todos disponibles en cinco idiomas: inglés, italiano, francés, japonés y alemán.*

*Rubi habla inglés y español perfectamente, combina todos sus talentos y conocimientos en sus lecturas. Actualmente reside en Miami, Florida.*

*Para más información pueden* ***visitar el website*** *www.esoterismomagia.com*

*Alina A. Rubi es la hija de Alina Rubi. Actualmente estudia psicología en la Universidad Internacional de la Florida.*

*Desde niña se interesó en todos los temas metafísicos, esotéricos, y práctica la astrología, y Kabbalah desde los cuatro años. Posee conocimientos del Tarot, Reiki y Gemología. No solo es autora, sino editora juntamente con su hermana Angeline A. Rubi, de todos los libros publicados por ella y su mamá.*

*Para más información pueden contactarla por email:* ***rubiediciones29@gmail.com***

Milton Keynes UK
Ingram Content Group UK Ltd.
UKHW051033221123
433051UK00018B/775